전재성 제3시집

그리움의 강이 흐른다

한누리미디어

국립중앙도서관 출판시도서목록(CIP)

그리움의 강이 흐른다 : 전재성 제3시집 / 지은이: 전재성, -- 서울 : 한누리미디어, 2008
p. ; cm

ISBN 978-89-7969-322-5 03810 : ₩10000

한국 현대시[韓國 現代詩]

811.6-KDC4
895.714-DDC21 CIP2008001589

自序

신도시 일산에 온 지 육년, 삶의 뿌리를 내리지 못한 채 수없이 입원과 퇴원을 반복하며 서녘 노을 안고 남은 시간이 저미어 간다.

쏜살 같은 세월을 뒤돌아 볼 마음의 여유도 없이 숨차게 달려와 머문 자리 병력만 쌓이는데, 한 치 앞도 예측할 수 없는 긴 터널을 지나온 세월도, 가슴 타는 그리움도 한낱 바람인 것을, 빛 고운 날의 그리움이 밀려 오면 한낮의 열기에 소중한 인연을 꽃피우고 싶어 서녘 노을빛에 가슴앓이를 한다.

웃어도 모자랄 시간, 마음의 준비 없이 제3시집을 내면서 갈등이 많았다.

제2시집을 내고 십년이란 세월이 흘렀지만 아름다운 시어로 내면의 세계를 다 표출하지도 못해 갈증을 느끼며, 혼불을 사르지 못해 부끄럽기만 하다. 수시로 불어오는 비바람에 당신도 함께 젓는 것 같아 가슴이 아리다.

늘 옆에서 묵묵히 지켜봐 주신 당신의 희생과 깊은 배려가 있었기에 오늘의 풍요로움을 느끼며, 영원한 삶을 노래하고 싶다. 노을빛에 물들어 아름다운 세상에 머물러 있다는 환희에 곤곤한 한 세상도 질척이는 인생도 신의 축복이라고 갈증으로 얼룩진 종착역에서 못다 푼 업이 서러워, 노을 지는 꽃길 위에 목울대가 뜨겁도록 슬픈 날이 많았던 것은 인연의 굴레에서 짐이 되어 산다는 것은 허허로운 가슴을 멍들게 하는 것이라고, 새벽잠 깨고 나면 돌아올 수 없는 강가에서 빛바랜 추억도 찰나의 섬광도 내려놓고, 웃음꽃 걸음마다 뿌리고 가야 하리…….

이제 소매 뿌리 당은 인연 밀고 당기던 그리움도 한낱 바람일 뿐!

한 조각 꿈 같은 세월에 노을빛도 가슴 타는 불꽃이어라.

2008. 4

全在盛 제노비아

그리움의 강이 흐른다

1부 _ 이젠 어느 강물로

18 _____ 노을에
19 _____ 비창(悲愴) · 4
20 _____ 환희
22 _____ 웃으며
23 _____ 가을 밤
24 _____ 여로의 어디쯤에서
25 _____ 바람처럼 왔다가
26 _____ 빛과 그림자
27 _____ 고독
28 _____ 갈등(葛藤)
30 _____ 인연
31 _____ 독도(獨島)
32 _____ 동자승
34 _____ 3월
36 _____ 그대
37 _____ 고태골
38 _____ 눈꽃이 피던 밤
39 _____ 돌아올 수 없는 강
40 _____ 종착역에서
42 _____ 인생의 여정
43 _____ 세월이 가네
44 _____ 유월의 진혼곡
46 _____ 서울시청 가는 길
48 _____ 두고 온 산하

2부 _ 부슬비 오는 날

50 _____ 부슬비 오는 날
51 _____ 빛이여
52 _____ 딸네 집에서
54 _____ 스노콸미의 폭포
56 _____ 파타야
58 _____ 고혼(孤魂)
60 _____ 이슬
61 _____ 춘란
62 _____ 분단의 아픔을 안고
63 _____ 스치는 바람
64 _____ 먼 여울물 소리
65 _____ 그대 가슴에
66 _____ 꽃 중의 꽃 · 2
68 _____ 한 아름의 꽃
70 _____ 웃으며 가는 길
71 _____ 별은 빛나는데
72 _____ 천섬의 볼트성은
74 _____ 나 홀로
75 _____ 청아한 꽃으로
76 _____ 중추절
77 _____ 낙엽
78 _____ 낙숫물 소리
80 _____ 신의 불꽃으로

3부 _ 병동의 하루살이

82 _____ 병동의 하루살이 · 1
84 _____ 병동의 하루살이 · 2
85 _____ 병동의 하루살이 · 3
87 _____ 신의 섭리는
88 _____ 고독은 사치일 뿐
90 _____ 희망의 코스 · 1
92 _____ 어느 가을 날
94 _____ 임종
95 _____ 비창(悲愴) · 5
96 _____ 길은 어디로
97 _____ 당신은 · 2
98 _____ 운현궁의 봄
99 _____ 길목에서 · 2
100 _____ 카멜레온
101 _____ 송악산
102 _____ 겨울밤
103 _____ 멍에
104 _____ 이 가을엔 · 5
105 _____ 노을이 타는 날
106 _____ 간이역에서 · 2
108 _____ 삶의 오솔길에서
109 _____ 텅 빈 자리
110 _____ 다(茶)향만당에서
111 _____ 봄의 길목에서 · 2
112 _____ 고양시 꽃 전시회

4부 _ 산다는 것은

114 _____ 눈부신 날에
115 _____ 월미도에서
116 _____ 그대가 곁에 있어도
117 _____ 늦가을 · 2
118 _____ 고향집 · 2
120 _____ 장밋빛 추억이
122 _____ 장미꽃 한 아름 안고
124 _____ 홍천강 언덕에서
126 _____ 오늘을 산다는 것은
127 _____ 그리움 · 3
128 _____ 세월 · 2
129 _____ 세월 · 3
130 _____ 둥지를 틀고
131 _____ 산책길에
132 _____ 이 밤은
133 _____ 삼천사 오르는 길
134 _____ 러시아의 천년의 삶과 빛
136 _____ 단풍이 불타는 춘천
137 _____ 오솔길에서
138 _____ 뜨거운 여정(餘情)은
139 _____ 인동초
140 _____ 어느 시인의 죽음
142 _____ 더불어 사는 세상

5부 _ 그리움의 강

144 _____ 꿈 한 조각
146 _____ 인생은 꿈일 수도
147 _____ 초로의 문턱
148 _____ 내가 부를 노래는
150 _____ 외로운 별
151 _____ 봄을 기다리며
152 _____ 한 가닥 불꽃을 안고
154 _____ 산다는 것은 · 1
156 _____ 산다는 것은 · 2
158 _____ 꽃 한 송이
160 _____ 상실 · 1
162 _____ 그리움의 강
164 _____ 이젠 어느 강물로
166 _____ 한나절 피는 꽃이라도
168 _____ 미완(未完)의 노래를
170 _____ 그리움
171 _____ 어머니 · 1
172 _____ 어머니 · 2
174 _____ 머물다 간 빈 자리
175 _____ 진달래꽃 필 때면

■ 작품해설

176 _____ 鄭光修 · 純粹한 사랑과 갈망, 그 悲壯美
191 _____ 洪潤基 · 서정미의 순수미 발굴 작업

1부 _ 이젠 어느 강물로

노을에

그대
곁에 있어도 눈멀어
방황의 끝자락은 이슬 맺혀
서리꽃에 잠기네

젖은 세월 낯 붉히며
사랑도 미움도 벗지 못해
하늘은 티 없이 살다가
서리꽃 두고 가라 하네

갈매기 울음으로
삶의 끝자락을 헤아리며
진솔한 그대 창가에
프리지아 꽃향기 전해 주고파

아침 이슬 같은 눈빛으로
마지막 향연을 사르기 위해
지고지순한 붉은 가슴은
그리움도 노을에 타는 것을.

비창(悲愴) · 4

— 봄을 다 보내고

꽃피는 봄이 와도
싸늘한 냉기류가
가슴을 저민 자리,

하얀 목련꽃
탐스러운 고고한 자태
실바람에 꽃잎 날리면

아침 이슬 같은 인간사
수 없는 시간들이 엇갈려
인연의 굴레에서 제풀에 잦아지고

곤곤한 한 세상
가슴마다 정 두고 가는 길에
파랗게 멍울진 옹이
회한에 지는 세월도 신의 축복이라고

옷깃 여며
마음 한 자락 비워 놓고
세상 것 내 것인 양 하다가 파르르 떨리도록
산산이 무너져 내리는 자괴감(自壞感).

환희

— 굴레를 벗고

은행잎이 노랗게 물든
구기터널을 지날 때면
유형지의 밤 같은
시린 세월이 되살아난다.

빛살 하나 끌어안고
한 치 앞도 예측할 수 없는
고독한 계절은
수렁만 더 깊게 보이던 것을

그림자를 이끌고
삶의 희열도 소멸되는
긴 터널을 지나온 세월

암이란 굴레를 벗고
우수(憂愁)에 잠깨고 나면
작은 인연도 아름다워

인생의 오솔길에서
불꽃 가슴 환희의 물결로

끝없이 비상하고 싶은
파란 하늘이 활짝 열리던 날!

웃으며

웃으며
머물 날이 몇 날일지
지친 세월 노을로 타는데

아름다운 인연
소중한 순간들이
황홀하게 밀려오는

여명이 밝아오는
긴 터널을 지나온 세월도
그리움도 노을로 뜨고 지네.

가을 밤

— 막내가 다녀간 후

스산한 가을날
네가 떠난 빈 자리
혼자가 아니어도
저리도록 휑한 집안

너의 따스한 눈빛은
훌쩍 떠나고 난 뒤에
다독인 흔적만 남아
젖은 가슴 애잔해

잠들지 못하는 이 밤
달빛만 방안 가득한데
창가에 귀뚜리 우는 소리
아린 가슴 젖어오네

못 다한 아쉬움
가을을 저만치 보내고도
강물로 흐르는 그리움을…….

여로의 어디쯤에서

– 그리움

두 눈이 시리도록
그대를 지척에 두고
그립다는 말 한 마디 못한 채
바람처럼 스쳐간 지난날

내밀한 그리움이 바람결에 취한 듯
그대의 그림자를 쫓아 숨이 찼는데
침묵해야 할 언어들을 삼키며
천년의 비경도 환상의 불꽃일 뿐

이제 되돌아갈 시간도 없이
하루를 지우는 으스름에
가을 낙엽처럼 우수에 물들어간다

성근 세월
스치는 바람소리는
순간마다 집착의 괴로움을
여로의 어디쯤에서 잠들게 할까
바다의 그리움을 안고.

바람처럼 왔다가

바람처럼 왔다가
잠시 쉬었다 가는 길

새벽잠 깨고 나면
내세울 것도 없는
세월의 흔적뿐

운명의 수레바퀴에
소멸되어 가는 기력
과분한 현실의 오만함이
시린 가슴 조이는데

적막한 이 밤
숨을 쉰다는 것도
살아있다는 황홀함도
물결치며 떠밀려 간다.

이제 꽃잎 날려 가는 길에
소맷부리 닿은 인연
밀고 당기던 그리움도
한 조각 꿈일 뿐이네.

빛과 그림자

바람처럼 왔다가
곱게 가꾸고 싶은
빈 뜨락에서
가을빛에 밀어를 삼키며

잎새마다
빛과 그림자로
미풍에 떨던 밤
싸늘한 질시에
가슴엔 바람만 부네

마지막
잎 지는 계절에
빛과 그림자가
회한의 세월이어도

신의 선물로
세상에 머문 황홀함은
빛 고운 산 빛만큼
출렁이는 바람이어라.

고독

청아한 꽃잎
새벽잠 깨고 나면
밤새 내린 무서리에
꿈을 접고 떠날 시간

파랗게 멍울지도록
깨어난 자의 고독이
빈 가슴 채우다가
켜켜로 쌓인 연정

찰나의 섬광도
노을 등지면 칠흑인데
新寺의 갈바람에
못다 푼 업이 서러워

꽃피울 날에
애잔한 귀뚜리 연가도
사위어가는 기억 속에
장미빛 추억이 퇴색되어
가을 바람이 흔들고 있다.

갈등(葛藤)

그대 눈빛만 보아도
가슴 타던 세월엔
무인도도 좋았을
섬 하나 세워 놓고,

연민과 갈증으로 얼룩진
뜨거운 여정은 누더기로 쓸려가
뒤돌아 건질 것이 없는데

서리가 하얗게 내리도록
청솔가지에 세월 묻고,
목마른 가지마다
억새꽃이 만발해서
남루를 벗지 못했네

해질녘에야
한 짐의 꿈을 풀어 놓고
곱게 띄울 강물 위에
퇴색된 그림자도 지우고

한 생애가 끝날 미소로
하늘에 닿을 꽃바람도
애간장 타는 세월이네.

인연

파란 하늘빛에
아직도 꿈인가 하다가
비척이며 돌아온 숨결

떨쳐 버리지 못한 인연
남루를 벗지 못해
두고 갈 것이 없는 것을,

아련한 그리움은
별빛으로 쏟아지고
한 조각 꿈은
사그라져 강물로 흐르는데

파란 멍울진 가슴
연륜의 찍힌 상처
갈무리하며

웃고 떠날 시간,
찬란한 신의 불꽃이
허공으로 사라져 가는
풀꽃의 향기라도 목이 탔습니다.

독도(獨島)

쪽빛 하늘에
검푸른 바다가 맞닿아
지평선 위로 가물거리는
신의 선물 절해의 독도

너울지는 동해바다
떠있는 외로운 돌섬
갈매기 춤추는 새들의 고향
기암절벽 산비알 꽃향기에
취한 나그네 발걸음

뭍으로, 뭍으로 오르고 싶어
안개 속에 떠나는 뱃고동 소리
천년의 세월 포효하는 파도 소리

선조들의 숨결이 들리는
겨레의 혼불이여
먼 바다의 독도
독도는 우리 땅!

동자승

햇살 가득한 법당 뜰
해맑은 미소 가녀린 동자승
만발한 꽃잎이 손짓하는데

꽃향기에 취해 서성이다가
염주 목에 걸고 목탁 소리
풍경 소리 산마루에 퍼지면
어머니 젖무덤 그리워서

풀밭에 앉아 두 손 모은 동자승
법당 뜰 풍경 소리에 합장하는
꿈결인 듯 어머니 섶자락 소리

맑은 물 소리 바람 소리
노장의 염불 소리
구도의 길이 무엇인지
천진한 미소가 애처로워

연등에 불심 끌어안고
나무 아미 타아아불

나무 아미 타아아불
목탁 소리 허공으로 흩어지네.

3월

실바람에
낡은 창 흔들리는 소리
겨우내 움츠렸던 나목(裸木)은
빛살 하나 끌어안고
꽃샘 바람에 봄을 재촉하네

그녀는
봄내 꽃바람으로 아롱이며
하얀 목련이 필 때면
우아하게 떠나고 싶다는 말
화신처럼 골목을 누비는데

화사한 봄볕에
꽃은 피고 지는지
애 바르게 사무치는 그리움
시린 사연 갈무리하며
빛 고운 날들을 잊고 떠나갔네

꽃바람 불면
꿈을 접고 정 두고 떠난

빈 자리 하도 애잔해
봄을 다 보내고 봄인가 싶네.

그대

— 호주로 떠난 친구

잠시도 못 보면 눈멀 것 같은
그리움은 제풀에 잦아져
양 날개 떨구고 미련만 가슴 치네

미풍에 웃음짓던 순간들
그리움에 목 놓아 소리치고 싶어
메아리도 오지 않아 가슴 타는데

여울목에서 빨간 불 켜지던 날
아득한 추억에 기다림도 목이 타는
황혼녘 돌부처도 서러워라.

고태골

— 제 2고향

가버린 날들
풀잎에 맺혀
대롱거리네

가을볕 끌어안고
향수에 젖어
하얗게 지새우는 밤

푸르던 날의 열기는
설레임도 곰삭아
가슴엔 갈잎 지는 소리

꽃상여 이울
고태골 여정은
갈피에 접어두고

연년이 쌓인 정
못 잊어
두고 갈 것이 없는 이 밤.

눈꽃이 피던 밤

꽃샘바람이
머물다 간 빈 가지

몽울진 가지마다
소록소록 쌓인 눈꽃

회색빛 하늘에서 내리는 눈꽃
황홀한 은세계는 당신의 걸작

쌓인 눈이 발목을 덮으며
사락사락 발자국 소리

가지마다 환상의 눈꽃은
당신의 선물 밤의 신비여!

돌아올 수 없는 강

못 잊어
정 두고 가는 길

아침 이슬 같은 인간사
쫓기듯, 오던 길 멈추고 싶어
돌아올 수 없는 강가에서
바람 한 점 쥐고 서성이다가
세상에 머물러 있다는 황홀함

한세월
가파른 길 숨차게 달려와
세상 것 내 것인 양하다가
빛 고운 날의 그리움이 밀려와
돌아올 수 없는 강가에서
붉은 가슴 노을로 타는 것을…….

종착역에서

봄 햇살
고독한 한나절은
가슴 타는 그리움도 빛바랜 채
세월의 끝자락에서 가물가물

스쳐간 지난날
세월이 엮어온 사연들
꽃그늘에 서성이며
실바람이 살갗을 스쳐도
한낮의 열기에 타는 그리움

세월에 쫓기듯
잦아지는 육신을 끌고
목마른 가지마다 청아한 꽃으로
노을에 잠기어 천년을 노래하고파

한세월 살 같아서
때 없이 목축임만 하다가
잔잔한 가슴에 잔물결 일렁이면
속세에 이는 바람 꽃길에 묻어두고

켜켜로 쌓인 연정 시린 하늘만 보네

잠시 쉬었다 가는 나그네
새벽 바람이 일깨우면
아름다운 세상에 섬광을 내려놓고
웃음꽃 걸음마다 뿌리고 가라 하네.

인생의 여정

사바세계에 지친 영혼
소유의 집착을 벗지 못해
마음은 우수에 물들어 간다.

때로는
고독의 늪에서
연민과 갈증으로 얼룩진
인생의 여정을 되돌아보는

그대와
소중한 인연으로
아름다운 삶의 신비를
생명의 꽃을 피우고 싶다.

삶의 향기가
피어나는 간이역에서
웃으며 잠시 머물다 갈
바람 한 점 쥐고 서성인다.

세월이 가네

봄 햇살이 가득한
화사한 벚꽃 축제에
실바람이 꽃잎 날리면
부푼 가슴 저려 오네

거리마다 다투어 핀 꽃잎에
벌들의 꽃 향연을 베풀 때면
말없이 지는 꽃잎에
계절은 저만치서 손짓하네

라일락 꽃향기에 젖어
피고 지는 꽃잎 속에
숨이 멎을 것 같은 그리움
포말로 밀려와 머물면

바람에 꽃잎은 지네
계절은 말없이 가네
세월이가네 세월이 가네
계절도 가고 세월도 가네.

유월의 진혼곡

– 보훈의 달

유월이 오면
꽃다운 님의 모습이 다가와
밤새워 불던 하모니카 소리

평화스럽던 이 땅에
포성이 천지를 흔드는
탱크를 앞세워 붉은 군화 소리
숨이 멎을 것 같은 긴 여름날

지친 세월
검은 그림자 드리운
가슴 조이던 암울한 나날

북으로 진격하는
치열한 전선으로
말문 잊고 떠나던 님의 뒷모습
살아서 돌아오란 말 대신
하얀 손수건 건네는 시린 가슴

이름 없는 영령들의 흘린 피로

이 땅에 포성이 멎은 지 반세기
님의 끓는 피는 어느 산하에서
불굴의 혼불로 산화(散華)하였는지

휴전선 계곡에 불쌍한 영령들,
님들의 흘린 피로 장미꽃은 피고 지고
쪽빛 하늘엔 흰 구름 떠 흐르는데
호곡하는 소리 산천을 울리네.

유월의 진혼곡이 울리는
평화의 나팔소리 울려 퍼지는
이 땅에 깊이깊이 안식하소서
님이여!

서울시청 가는 길

아침 버스에
잠시 졸다가 문득 깨어
방향감각을 잊은 채
난 혼이 나갔다

서울시청은
세 시간 더 가야 한다는 기사의 말
일산을 몇 바퀴 돌았나
내 선 자리가 어딘지

빙글빙글 하늘은 돌고
가물가물 허물어지는 육신
얼떨결에 내린 곳은 녹번역

그에게
나를 집으로 데려가 달라고,
혼신을 다해 왔다는 안도감
푹 쉬고 싶다는 생각뿐

혼미한 나날 넋 놓고 주저앉아

눈감은 언저리에 저승이승간은
손 뻗으면 닿을 자리

당신의 따스한 햇살에
삶의 끈 한 자락을 잡고
한 조각 꿈 부시도록 태우고파
이슬 맺혀 꽃비가 내리네.

두고 온 산하

스산한 바람결에
계절은 오차도 없이 찾아와
양지녘 풀꽃이 웃고 있는
두고 온 산하가 그리워

개나리 진달래꽃
하얀 목련이 다투어
봄 축제를 이룰 때는
싱그러운 꽃향기에
붉게 물든 산자락이 다가와

코발트색 하늘가에
철쭉꽃 정열을 토할 때면
뻐꾹새 구성진 울음 소리
귓가에 쟁쟁한데

호수공원
푸른 물결 여울져 흐르는
일산에 둥지를 틀고도
걸음마다 스미는 꽃향기에
못 잊어 옛날로 가는 마음.

2부 _ 부슬비 오는 날

부슬비 오는 날

– 암 수술 15년

잿빛 하늘이
닿을 듯 내려앉아
안개 낀 거리마다
낯설어

빛바랜 책갈피에서
암울했던 지난날이
엄습해 온다.

한 치 앞도
예측할 수 없는 지난 날
다슨 정이 담긴
한 권의 시집을 안고
마음의 양식이 되었던 것은

아름다운 시어들이
심연으로 잠긴 가슴에
촉촉한 삶의 활력소가 되었네.

*큰며느리한테서 받은 시집

빛이여

— 여행지에서

러시아 상공(上空)을 나는 기내에
여명이 밝아오는 신새벽
창을 통해 들어오는 햇살은
눈부셔 탈 것만 같아

몇 천 피트 상공 찬 공기에
창엔 아름다운 눈꽃이 피어
햇살에 스러져 이슬로 내리는데

하얗게 떠 있는 구름바다는
이글거리는 태양에 붉게 물들어
황홀한, 찬란한 빛으로
우주공간을 붉은 띠를 두른 듯

생명이 약동하는 아침 햇살
당신의 걸작 경이로운 빛은
환희의 빛살로 동이 트는
찬란한 빛이여!

딸네 집에서

— 여행지 미국

로드아일랜드주의 한적한 마을
새벽 창가에 새들의 합창 소리
나그네의 혼곤(昏困)한 잠을 깨운다

새벽 안개를 밟으며
풀숲 상큼한 공기에
아침이 열리는 산책길

숲 사이로 이리 저리 달리는
청설모의 까만 눈망울
베란다에 올라와
춤을 추는 앙증스러운 몸짓

살갗을 태울 것만 같은
아스팔트 열기에
푸른 물결 넘실거리는 풀장
아이들의 웃음 소리
매미들의 합창 소리

땅거미가 지면

수풀 사이를 날으는
무수한 반딧불은
은하를 뿌린 듯,

밤하늘의 별은 빛나고
반딧불은 은밀한 사랑으로
여름밤의 황홀한 축제에
마음 한 자락 머물라 하네.

스노콸미의 폭포

— 여행지 미국

시간과 공간을 초월한
몇만 년 흐른 물줄기
지축을 흔드는 폭포 소리

산자락에
자욱한 물보라는
높은 정자 위에서도
안개처럼 피어나
이슬비로 내리는데

우렁찬 폭포 소리에
시간이 정지된 듯,

아침 햇살에 숲속을
달리는 기적 소리
신혼의 단꿈을 꾸는
호젓한 휴양지

수천 피트 낙차하는 소리
지축을 흔드는 폭포 소리

억겁으로 밀려오는
끝없는 낙차 소리
하늘과 땅이 요동하는
폭포 소리.

파타야

— 여행지에서

태평양의 베니스라는
파타야 새벽 닭 홰치는 소리
찬란한 아침 햇살 밝아오면
호텔 로비에는 나그네의 부푼 가슴
하늘과 바다가 맞닿은 지평선 위에
여정의 꿈을 꾼다.

란섬은 파타야에서 초고속보트로
에메랄드 바다의 물살을 가르며
하얀 물보라는 산호초 섬을 향해
갈매기도 없는 바다에서 춤을 춘다.

파타야의 광대한 꽃 정원
코끼리들의 애교스러운 쇼
넋을 잃고 남국의 정취에 취해
꿈을 꾸는 나그네

밤이 되면
알카자 티파니의 여장 쇼
세계의 삼대 쇼라는

허울 좋은 메인 쇼는
무용수들의 화려한 여장에
눈 멀어

판토마임은 나그네의 웃음 속에
여장 무용수들의 요염한 자태에
깊어만 가는 밤.

고혼(孤魂)

— 여행지 하와이에서

태평양 바다
에메랄드 바다 빛은
쪽빛 하늘이 맞닿아
먼 지평선 위로
뭉게구름 물위에 떠 흐르는데

굽이굽이 돌아가는
가물거리는 절벽에서
이름 모를 영혼, 바다에 잠들었다고
무덤도 없는 십자가 위에서
묵주만이 햇볕에서 졸고

구름층까지 올라갈 돌탑에
억겁으로 밀려올 그리움도
가슴 타는 바램도 묻어두고
조약돌은 전설을 쌓고

억만년 세월이 흘러도
계절 따라 피는 꽃잎 속에
애잔한 그리움으로 남을

지평선을 넘나드는 영혼,

끝없이 밀려와
하얗게 부서지는 포말로
피안의 파도 소리에 머물게 하네.

이슬

새벽
풀잎 속에
맑은 눈빛

푸른 잎
반짝이는 눈빛
품에 안고

별빛보다
더 초롱한
눈물 방울

아침을 깨우면
맑은 수정
풀잎 사랑.

춘란

꽃 전시회 때 사온
자잘한 잎 앙증스러워
꽃대 올라올까
눈 맞추며 느긋한 기다림

실뿌리 뻗은 속살
세월을 손짓하는데

내 심혈을 불어넣어
너의 그리움 태우는

가냘픈 꽃대 사이로
은은한 꽃향기에 취해
희열로 출렁이는
황홀함이여!

분단의 아픔을 안고

잠시 외출길이
반세기 불멸의 밤이 되어
절망과 그리움은 한이 맺혀
꽃다운 모습 굵게 파인 주름살
부모 동기 가슴에 시린 사연으로
이산의 아픔을 안고 살아온 남과 북

이념의 굵은 선은
영원히 지울 수 없는
온 겨레의 가슴에 분단의 아픔을
간절한 염원과 절절한 그리움으로
다 풀지 못할 애절한 절규는
말문 잊고 울어도 통한의 세월을

그리움을 다 토할 수 없어
눈물바다에 가슴을 식히면서
이 강산 통일의 염원을 갈구하며
짧은 만남과 긴 이별이 서러워
빛바랜 사진을 안고 차창 밖 이별을
하늘에 통곡한다.

스치는 바람

인연의 굴레도
묻어둔 그리움도
스치는 바람인데

한 세상 산다는 것은
밀려오는 태풍의 눈을
피할 수 없는 신의 섭리에
시린 세월만 가네

마음 졸일 일도
세월에 묻어두고 가는
허허로움에 옷깃 여며
스치는 바람결에 그리움은
노을 속 황홀하게 타는 것을.

먼 여울물 소리

저녁 노을에
한 잎 두 잎 나뭇잎
떨구고

눈 시리도록
가슴 타던 그리움
한세월 다 보내고

불태울
가슴도 없어
맥이 탁 풀리는데

아린 가슴
서로 눈빛 맞추며
웃어도 모자랄 시간

먼 여울물 소리
섶자락 적시는
바람 소리.

그대 가슴에

그대
아득히 먼 날들이
점점이 남아
밤을 하얗게 지새우며
빛나던 눈빛 그립기만 한데

산다는 의미를 찾고 싶어
퇴색된 추억에 잠겨
하루살이 나그네 길에
가슴을 앓으며
그리움을 토한다

그대 가슴에
지친 세월 이슬 맺혀
못다 푼 업이 서럽도록
짐이 되어 산다는
가슴은 파랗게 절어간다.

꽃 중의 꽃 · 2

— 귀여운 수영이

먼 이국 땅
볼티모어의 한적한
다운스(Downs) 파크에서
오붓한 한 때를
어린 손녀와 즐기던 날

풀밭 사이를
어린 것은 나풀거리며
골프공을 따라 마냥 즐거워
장난을 청하며 뛰어가던 모습

시간에 쫓기듯 어둠이 밀려와
비릿한 해초 내음 물씬 나는
바닷가에 발을 담그지도 못한 채
발버둥치는 어린 것을
얼르며 데려왔지만,

추억은 시간을 데불고
한없는 나래가 허공을 나는데
가물가물 멀어져만 가는

앵두 같은 입술 그리워
못 잊어 두고 온 꽃!

한 아름의 꽃

— 귀여운 인경

해맑은 눈동자에
한 아름의 꽃으로
포근한 가슴에 안겨온
외손녀

호수 같은 눈망울로
퐁당퐁당 뛰며
나풀나풀 춤을 추는
방울꽃 같은 웃음 소리에
시름이 꽃 속에 묻히네.

어스름
땅거미가 지면
밤바람을 안고 가는

차창으로
고사리 손 흔들며
멀어져 가는 모습이
시리도록 애틋해서

꿈결인 듯
애잔한 모습이
한밤내 아롱인다.

웃으며 가는 길

곤곤한 세월
다 잊고
웃으며 가는 길에

바람이 스칠 때마다
추적거리는 가을비에
젖어

인연의 굴레에서
가슴앓이를 한다

장밋빛 추억은
켜켜로 쌓인 연정에
그리움으로 밀려와

밤새 내린 무서리에
홍안은 간 데 없고

노을이 타는 날
영혼의 날개만을 달고
웃으며 가는 길을…….

별은 빛나는데

밤은 깊어
고요로움에
숨이 멎을 것 같아

밤바람에
산 밑까지 전해 오는
떡갈잎 내음

암청색 하늘가에
별은 은빛으로 빛나고

지나간 꿈 한 자락
별무리로 뜨고 지네

산다는 것은
아련한 추억에 잠기어
하얗게 지새는 밤

귀뚜리
울어, 울어
창가엔 별빛만 쏟아지네.

천섬의 볼트성은

— 여행지 캐나다

단 한 번 살고 있는
인생

유람선에 몸을 싣고
바라본 크고 작은
아름다운 꿈의 섬들

미국과 캐나다 경계선
부호들의
여름 별장이 있는

세인트로렌스 강 위의
아름다운 천섬의
유명한 볼트성은

사랑하는 아내를 위해
120개의 방은
미완성의 공사로

갑작스러운

부인의 죽음은
거대한 볼트성에

다시는 돌아오지 않는
볼트 씨!

나 홀로

혼자만 기억하고
혼자만 감격해서
나 홀로 황홀한 날

이 세상에
존재하고 있다는
모두의 기쁨인 줄을

다 함께
기억해 주고
다 함께 소리쳐 기쁨을
나누고 싶었는데

또 한 번
찬 바람을 안고
짐이 되어 살고 있다는
쓸쓸함이여.

청아한 꽃으로

— 편지가족 10주년에

아득한 봄 햇살에
티 없이 맑고 순결한 꽃
푸르게 저마다 꿈을 안고
가슴 설레며 모인 님들

희망과 사랑으로 가득 찬
황홀한 순간들이 꿈인 듯
핑크빛 꿈을 키우며 걸어온 길

먼 빛으로도 포근한 정
보랏빛 사연 바람에 띄우고
퇴색된 추억을 꽃피우며
메아리치는 그리움은
가슴마다 가득한데

이제 청아한 꽃으로
해바라기 같은 웃음은
님들이 쌓은 탑은
삶의 활력소가 되어
온 누리에 영원한 빛으로
길이 남을 지성의 꽃.

중추절

고향 가는 행렬은
주차장으로 변한
고속도로 위에서
온종일 가슴을 태우다가

모두 떠난 빈 자리
썰물처럼 휑한 공간에
어둠이 깔린지 오랜데

고향이 그리워도
마음의 고향 새김질하며
황혼열차에 몸을 싣고
창밖을 바라보는 마음

그대의
주름진 눈가, 희끗한 머리칼
창밖을 바라보는 뒷모습은
회한에 지는 세월이 가슴에 스미네.

낙엽

빨간 단풍잎
가지 끝에 매달려
실바람에 하늘거린다.

계절을 앞세우고
바람 불지 않아도
눈발처럼 흩날리는 낙엽

낙엽 지는 소리
낙엽 쌓인 오솔길에
바람에 낙엽 굴러가는 소리

서녘 노을빛에
빨갛게 물든 가슴
낙엽 쌓인 오솔길을 서성인다.

낙숫물 소리

아득한 날의
낙숫물 소리가 그리워지네

가랑비에
처마 끝 홈통을 타고
주룩주룩 빗물 흐르는 소리

푸르던 날
텅 빈 듯한 가슴으로
추절거리는 낙숫물 소리

가슴 깊이 잠재운 그리움
일제히 함성을 지르는
낙숫물 소리 가슴 저미는데

애달픈 젊은 날
알 수 없는 미련이 고개 들면
소리 없이 사그라지는 붉은 가슴

수 없는 밤을 지새우며

추절거리는 낙숫물 소리
젖은 가슴에 주룩 주룩 빗소리

나그네 가슴에 비가 내리네.

신의 불꽃으로

나날이
조금씩 나락으로
가물거리는 현기증
살고 있다는 황홀함도
바람이 불면 소멸되어 간다.

소리 없이 다가올
찬란한 신의 불꽃은
한 조각 꿈 같은 세월에
신기루는 없을 것 같아

아침 햇살에
당신을 향해 가는
영혼의 날개만을 달고
순간의 삶을 영원처럼
신의 불꽃으로 사루고 싶다.

3부 _ 병동의 하루살이

병동의 하루살이 · 1

— 일산병원에서

가로등
하나 둘 빛나면
밤하늘의 별은 쏟아지고
APT 창마다
불빛은 총총한데

병동의 하루살이
숨 막히는 순간들
희미한 불빛을 안고
비실거리며
심호흡을 토한다.

산다는 것은,
마음 한 자락
두고 갈 것이 없는
혼곤한 꿈일 뿐이었는데

벼랑 끝
용트림을 해도
오차도 없는 계절 앞에

빛바랜 그 날들이
바람 한 점 쥐고 서성인다.

병동의 하루살이 · 2

— 일산병원에서

곱게 물든 단풍잎
눈발처럼 흩날리는
가을날

삶의 뒤안길에서
혼자 걸어가고 혼자 지새우고
병동의 밤은 깊어만 가는데

밤하늘의 별같이
총총한 가로등 불빛 아래
소형차들이 밤새 미끄러져 간다.

세월의 끝자락에서
그대와 머물 시간
간절한 그리움 태우면
추억은 가슴을 적시는데

오솔길에 낙엽 지는 소리
바람에 낙엽 굴러가는 소리
가로등 하나 둘 사라져 간다.

병동의 하루살이 · 3

— 일산병원에서

노랗게 물든 은행잎
겨울을 재촉하는 가을비에 젖어
눈발처럼 소리 없이 쌓이는데

창밖엔 하늘의 별보다
더 빛나는 불빛들
밤새 가로등은 졸고
밤은 깊어만 간다

잠시 머물다 가는
병동의 하루살이
곧 다가올 운명 앞에
심호흡을 토하며
우수에 물들어 간다

삶의 향기가 그리운
그림자 드리운 병실에서
때 이른 퇴원소식

세상에 머물러 있다는 환희에

삶의 희열로 출렁이는 가슴
황홀함이여!

신의 섭리는

— 장 유착

아직도
못 다한 시련이 남아
고통의 늪에서
서성이다 가라 하네

적막한 밤
창밖에 별빛은 쏟아지는데
나에겐 피안의 세계

웃어도 모자랄 시간
빛살 하나 끌어안고
살아나기 위한 몸부림
암 병동을 시계바늘에 따라
끝없이 돌고 돌라 하네.

고독은 사치일 뿐

— 뇌 귀에 바이러스 침범

긴 터널을 지나면
바로 설 수가 있는가
밝은 날에도,

암을 앓다가
달팽이관이 상했다가
압축기로 짜는 듯한 고통
가눌 수 없는 몸

햇살은 눈부신데
세상 물체가 빙글빙글
비틀거리며 길을 쓸다가
걸음마다 찬바람이 분다.

철저하게 외면된 채
목울음이 차오는데
울 장소가 없어
하늘에 통곡한다

목 놓아

소리치고 싶어,
한 줄기 빛살에
오늘을 산다는 것은
고독에 지친 서러움도
사치일 뿐.

희망의 코스 · 1

창밖에
평화스러운 불빛은
하늘의 별만큼 총총한데

새벽도 없는
병동을 돌며
살기 위한 몸부림
가물거리는 목숨들

눈부신 햇살도
영롱한 꿈도
목 놓아 소리치고 싶은
삶의 무늬가 무너지고

암 병동을 돌며
한 가닥 허구를 좇아
진풍경이 벌어지는
처절한 몸부림의 행진들

이곳은

지옥의 코스
희망이라는 이름의 코스
살아나기 위한 몸부림.

어느 가을 날

가을 산 빛은 곱게 채색되어
계절은 저 먼저 와 손짓하는
천년의 문화가 잠든 거리
세계 박람회가 열리던 경주

경주 엑스포 문전에서
비틀비틀 중심을 잃고
자갈밭에 나동그라져
몸에 기가 빠져 나가는 순간

운집한 군중 속에
하늘 높이 치켜든 발목
뭉개진 자존심은 멍들고

쓰러진 자의 심장은 잦아지는데
황급히 부르는 소리 애타는 소리
구급차에 실려 촌각을 달리는 소리

육신의 그릇에서 떠나지 못한
영혼의 분노는 가슴에서 맴돌고

생과 사의 갈림길에서

또 다시 피어날 물안개 꽃
부신 햇살에 꽃비가 내리는
단풍 같은 마음 머물다 가라 하네.

임종
— 불씨

세상 미련에 눈멀어
가파른 삶을 숨차게
헤쳐 온 가시밭길

못 다한 아쉬움
불사를 기력도 없어
꺼져 가는 불씨 하나

곧 다가올 임종 앞에
사랑도 미움도 벗지 못해
가냘픈 신음 소리

생의 마지막
빛과 그림자로 채색된
긴 여정을 마감하려 하는데

영원한 그 길은
노을빛 부시도록
나를 수 있게 창공을
신이여!

비창(悲愴) · 5

— 삶의 오솔길에서

오월의 꽃향기에 취해서
끝없는 용트림을 해도
봄바람에 낙엽 지듯
하늘은 노랗게 일렁인다.

그대의 슬픈 눈동자에
구겨진 자존심은 각인되어
벼랑 끝 바람만 이는데
허물을 벗어 심산에 묻고 싶다.

낙조가 지는 창가에서
시련과 멍에가 남아
못 다 지고 갈 업이 서러워
하늘에 목 놓아 소리쳐 본다.

삶의 오솔길에서
찬란한 신의 불꽃은
가파른 삶을 수채화로
내 못다 부른 노래는
애련한 그리움의 강이 흐른다.

길은 어디로

어둠은
화려한 꿈도
모두를 묻어 버리네

간밤에
삶의 애착을 안고
날지도 못하는데

밤을 하얗게
미련만 안고
광기를 부리다가

그리움도
연민의 정도 없이
죽음의 그림자 드리워
꽃 장식을 못했네.

당신은 · 2

— 장 유착

한 치 앞도
예측할 수 없는
딸과 대책 없는 밤을
하얗게 지새우는데

날이 밝으면
당신의 뜻에 순응할
이 목숨 영혼까지도

더 초라하지 않게
더 비참하지 않게

웃으며
바라볼 수 있는
지혜와 용기를…….

운현궁의 봄

온종일 내리는 가랑비에
무성한 숲들은 촉촉이 젖은 채
회색 빛 하늘을 가리고
무거운 정적이 감도는
음산한 운현궁의 뜰

숲 속 어디선가
긴 도포자락 끌며
헛기침 소리 들리는 듯
한 시대를 주름잡던
큰 기침 소리에
나는 새도
산천초목도 떨었다는
운현궁의 봄은,

영욕의 허물을 벗지 못한 넋이
역사의 뒤안길에 상흔(傷痕)으로 남아
영웅호걸의 부귀영화가
뜬구름 같아라.

길목에서 · 2

그대
병상에 홀로 두고
온 종일 가슴만 조이다가
혼자라는 외로움보다
못 다한 아쉬움
숨차게 달려와 머문 자리
훈장처럼 병력만 쌓이는데
바람 불지 않아도
가슴엔 바람만 부네.

카멜레온

비틀거리며
모래 위를 걸어간다.

끝없는 모래 위에서
하얗게 별무리로 뜨는 밤

내 그림자를 밟는
사각거리는 발자국 소리

달빛에 비친
배반의 물결이 출렁이는데

상처난 날개를 접어야 하는
빛 고운 날의 그리움을…….

송악산

오월의
제주의 맑은 햇살은
해면 가득 금모래가
잔잔한 물결로 반짝인다

쪽빛 하늘에
망망한 대해를
해변을 끝없이 돌아
한적한 송악산 산자락에
신비한 분화구는 전설을 쌓고

노란 유채꽃 밭,
가슴 가득 해풍에 취해
멍게 해삼 막걸리 한 사발
꽃향기에 영원히 머물고 싶네.

겨울밤

— 고향 생각

칠흑 같은 밤하늘
더 빛나는 별들
이웃집 다듬이 소리
먼 마을 개 짖는 소리

따뜻한 화롯가에
초롱한 눈망울들
할아버지의 옛 이야기에
밤이 깊은 줄 몰라

긴긴 겨울밤
문풍지가 떤다.

멍에

적막한 밤이면
억겁으로 밀려올
회한의 강기슭에서
간밤에 불어온 바람은
못 다 지고 갈 서러움이기에
삶의 의미를 되새겨 보네

멍에를 지고
심혈을 기울인 가슴에
잔인한 말 비수로 꽂혀
대문 밖 저승 갈 때는
자존심은 눈멀어

오늘도
사랑의 말 한 마디는
허공으로 날으다가
두견새 울음 소리에 가슴만 젖네.

이 가을엔 · 5

— 바람 소리

웃음으로 밀려와
바람처럼 왔다 간 빈 자리

수없는 밤을
그리움의 물결로
한 점 바람으로 스친다.

가을 바람이
옷깃으로 스며
끝없는 어리석음만
안개 속을 헤집고 나면
찬 바람은 맴을 돌고

함께 한 시간들이
물안개 꽃 피어나듯
적막한 밤 바람 소리만
세월을 엮어간다.

노을이 타는 날

영원히
머물 수 없는 여정
새벽잠 깨고 나면
한 발 다가서는 저승길

섶자락 스치는 갈바람에
노을 등지면 칠흑인데
파랗게 멍울지도록
지고 갈 업이 서러워

웃어도 모자랄 시간
지는 노을 황홀해서
내 그림자를 이끌고
애간장 타는 개살구 꽃!

간이역에서 · 2

부슬비 내리는
우중충한 몇 날을
잿빛 하늘만 바라보다가
삶의 희열도 소멸되어 간다

이슬비에 젖은 나무 잎은
싱그럽도록 푸른데
안개 자욱한 거리가 낯설어

잠시 머물다 갈 간이역에서
하루에도 수없이 지나가는
구급차의 웽웽 소리에
추억도 사그라지는 순간

삶과 죽음의 언저리에서
웃을 날이 몇 날일지
혼곤한 삶의 지름길로
알 수 없는 쓸쓸함이 밀려 오는

아름다운 이 간이역에서

당신의 빛살 하나 끌어안고
환희의 선율에 젖어보는
나그네.

삶의 오솔길에서

삶의 오솔길에서
때로는 슬픔이 밀려 오는
섶자락 스치는 바람 소리

혼돈으로 잃어버린 세월
아픔의 씨앗들이 자리하면
온몸으로 지탱해 온 인내의 결실

지친 세월 아파 오는
하얀 젖줄이 방울방울 피 맺혀
깨어난 자의 고독이 켜켜로 쌓인다.

텅 빈 자리

– 막내 유학

언젠가는
떠난다는 말이
가슴을 조이더니

보듬고
삭힌다 해도
절절한 그리움은
만감의 향수로 남아

쫓기듯,
밀려오는 적막감
돌아보면 텅 빈 자리.

다(茶)향만당에서

단풍잎 곱게 물든
한적한 관악 캠퍼스
두레 문예관 다향만당에
뜻 모아 앉은 자리

다기에 가득한 차 향기
두 손으로 다도를 익히면서
아득한 선인의 삶이 다가와
멀고도 가까운 고고한 자태

시공을 초월한 차향에 취해서
먼 빛으로 한 아름의 미소에
세월 잊고 영원히 머물고 싶네.

봄의 길목에서 · 2
— 호수공원

봄의 길목에서
겨우내 움츠렸던 나목은
이슬비에 촉촉이 젖어
파릇한 몽울진 가슴

봄 햇살에 하얀 목련꽃
훈풍에 개나리 진달래꽃
만개한 벚꽃 가지마다
꽃 향연을 베풀 때
상춘객은 밀려가고 밀려오고

돌고 도는 꽃길에
하늘거리는 수양버들
클래식 리듬에 춤추는 분수대
저녁 노을에 호수공원 수면은
반짝이는 금물결로 어울져 흐르고

부신 햇살에
아름다운 꽃길을
잠시 머물다 갈 나그네
부푼 가슴 영원히 머물고 싶네.

고양시 꽃 전시회

— 일산 호수공원에서

햇살 가득한 활기찬 거리
도시의 공간에 철쭉 꽃 붉게 타면
라일락 꽃 향기에 설레는 가슴
호수공원 광장 꽃 물결로 일렁이네.

호수 수면이 실바람에
은빛으로 여울져 흐르고
스치는 바람결에 향긋한 꽃내음
모자이크 군락에 발길 멈추어
환희에 부푼 가슴 꽃물드네.

혼신을 다해
손길 닿은 절묘한 모습들
포기마다 찬연한 빛
난향 가득한 고고한 자태

마음 한 자락 꽃향에 취해
피안의 세계에 온밤 서성이는
못 잊어 두고 온 꽃길.

4부 _ 산다는 것은

눈부신 날에

— 해동문학상 타던 날

춘삼월 훈풍에
봄 햇살 가득한데

새벽잠 깨어
꿈결인 듯 꽃잎에
봄볕 쏟아지는 날

석양에 얼굴 붉히며
실락원의 그리움이
가슴을 흔들어 놓는다.

유백의 장미꽃 아름 안고
루크크린의 꽃향기에 취해서
눈부신 날의 영광은
한없는 바다로 출렁인다.

월미도에서

— 결혼 42주년

햇살 가득한
겨울 문턱에서
가슴 설레며 찾아간
월미도

쪽빛 바다는
은빛 물결로 출렁이는
한산한 부두에 스산한 바람만
옷깃으로 파고드네.

푸르던 날의 꿈을 싣고
나룻배 멀어져 간 모터 소리
발길 닿는 곳마다 들리는 듯,

서녘 노을 등지고
푸른 바다를 가르는 유람선
뱃전을 따라오며 춤추는 갈매기
애잔한 뱃고동 소리.

그대가 곁에 있어도

그대가 곁에 있어도
가슴이 아리도록 그리워
온 종일 창밖만 응시하는
초점 잃은 눈동자에
예측 못할 한 치 앞
가슴 조여 터질 것 같아

먼 여울물 소리
추억의 불씨 되살아나
시린 세월 고독이 켜켜로 쌓여
슬픈 눈동자에 빛과 그림자가
웃으며 날개를 접어야 할 시간
그대와 노을빛에 물들고 싶네.

늦가을 · 2

— 가톨릭 신학대학에서

단풍이 곱게 물든
늦가을

서녘 노을에
황금빛으로 물든
느티나무 잎이
눈발처럼 흩날리는

낙엽은 바람에 쌓여
끝없이 굴러가는데

벤치에 앉아
잔잔한 가슴에
황홀한 순간들이
삶의 희열로 출렁이는 것을

당신은
잠시 머물다 갈
이 몸 영혼까지도
그리움의 순간을
예비해 주셨나이까.

고향집 · 2

감꽃 피던 토담집
꽃 대궐 언덕에
함박꽃이 웃는데

팔음산 영마루에
서녘 노을 붉게 물들어
상기된 얼굴 다가오는

모닥불 피우고
도란거리던
아스라한 님의 모습

두견새 우는 소리
풀벌레 울음 소리
님의 섶자락 스치는 소리

밤하늘의 별은
은빛으로 쏟아지고
세월은 이슬로 내리는데

유년의 꿈을 흔들어
황홀하게 밀려오는
장밋빛 추억.

장밋빛 추억이

서녘 노을에
달리는 차창가에
아련한 그리움이 밀려 오네.

푸르던 날의
외곽지대의 역 광장
잔디밭에 앉아
암청색 하늘가에
별은 은빛으로 쏟아지고

붉은 가슴
황홀한 밤의 신비에 젖어
혼불을 불태울 수도 없어

못 잊어
못다 한 사연이
억겁의 세월이 흘러도
창가엔 별빛만 속삭이는

노을 속에

아득한 날의
장밋빛 추억이
달리는 차창가에 와 머무네.

장미꽃 한 아름 안고

외출에서
돌아온 막내며느리

새빨간
장미꽃 한 아름 안고
좋아하실 것 같아서요,

웃으면
예쁜 얼굴이 더 붉어져
장미꽃 송이 송이만큼
가슴 깊게 흐르는 정

예기치 못했던
붉은 장미꽃 백 송이
황홀함에

끝내 못한 말
오래오래 가슴에 새겨

그리워 목 타면

한 송이씩
네 고운 심성을 사랑한다고

세월의 끝자락에서
스쳐간 지난 날
방울꽃 같은 네 목소리

끝없는
희열로 출렁이는 것을…….

홍천강 언덕에서

— 남노일리에서

자욱한 안개 속에
칡넝쿨이 우거진 계곡
운무에 가려진 산봉우리
실바람에 흩어지는 안개 구름

숲이 일렁이는 바람 소리
계곡을 흐르는 물 소리
산새들의 노래 소리에
아침이 열리는 신 새벽

마을을 안고 흐르는 홍천강
푸른 물결 굽이쳐 흐르는
물새 우는 강 언덕에 서서
아침 햇살에 수채화 같은 마을

환상의 나래 꿈에 부풀고
풀벌레의 노래 소리
이슬비 젖은 문우들의 가슴
정이 흐르는 파란 뜰에서
밤의 향연은 영원히, 영원히

꽃대궁 사이로
따스한 님의 미소
머물다 가는 나그네 가슴에
아쉬움이 강물로 흐르네.

오늘을 산다는 것은

늦가을
외출에서 돌아와
새큼하게 따가운 두 눈을
탄 구멍에 겨냥을 하고
까물까물 죽어가는 탄불에
심호흡을 토한다

을씨년스러운 밤
허기진 공복을 안고
부엌을 오가며
순간순간 잦아지는데
포만하고 싶은 욕구에
아!
오늘을 산다는 것은…….

그리움 · 3

눈 감은 언저리에
아득한 날의 그리움이
포말로 밀려와 머무는

그립다는 말 한 마디
가슴에 맴돌다가
호수 같은 눈빛 다가와
그대의 그림자를 쫓아 숨이 찼네.

갈증으로 얼룩진
스쳐간 지난 날
노을에 잠기어
하얗게 지새우는 밤

아!
못 잊어
목마른 가지마다
빨갛게 가슴 타는 세월을.

세월 · 2

푸르른 날
창창한 세월
미련에 눈멀어

숨 가쁜
꿈 한 자락
세월을 엮어 가면

이렁저렁 살아도
못 다한 미련이
가슴을 저미는데

지친 세월이
노을에 잠기어
벼랑 끝 바람만 이네.

세월 · 3

말 없는
눈빛만 보아도
가슴 저리네.

먼 창밖을
보는 눈자위에
세월의 흔적만 깊게 남아

터질 듯,
사랑도 그리움도
지친 세월 허공에 묻고 싶네.

못 다한 아쉬움
보듬고 삭힌다 해도
가슴에 바람만 숭숭거리네.

둥지를 틀고

둥지를 틀고
긴 여정을 함께 가는
영롱한 햇살 가득한 뜰에
바람 한 점 쥐고 서성이다가

가야 할 길이 아득한데
당신의 빗살 하나 끌어안고
우수의 그림자가 밀려와
숨이 멎을 것 같아

스쳐 간 지난날들
장밋빛 추억이 퇴색되어
꿈결 같은 세월 다 보내고
인생은 슬픈 바람이었다고

허물을 벗어 심산에 묻고
오수에 긴 꿈 깨고 나면
추억의 불씨 하나 되살아나
연민의 정도 목이 탔습니다.

산책길에

서늘한 가을 바람에
은행잎이 노랗게 물든
늦가을

그대와
살갗을 스치는 바람결에
낙엽 쌓인 오솔길로

코발트 색 하늘가에
상현달이 중천에 떠 있는
철로변 녹지대를 걸으며
문산행 통일호 기적 소리에
넋 잃고 서서
끝없이 떠나고 싶은 마음

세월의 끝자락에서
삶의 끈을 잡고 서성이는
그대의 지친 세월 애잔해
귀뚜리 연가에 가슴이 젖네.

이 밤은

언제나
뒤척이는 밤이면
혼자라는 외로움

공기도 자는 듯
밤은 야심한데
가슴만 허허로워

아련한 그리움이
눈 감은 언저리에
끝없는 파도로 밀려와

젖은 가슴
하얗게 지새는
스치는 바람 소리만

이 밤은
무슨 죄 있어
아린 가슴 바람만 부는가?

삼천사 오르는 길

삼각산 오솔길로
삼천사 오르는 길
청명한 봄바람에
흐드러지게 핀 진달래 꽃

봄 햇살 가득한
삼천사 대웅전 뜰
연등에 심은 불심은
라일락 꽃향기에
굽이 돌아 꽃길 이루네.

오가는 나그네
법당을 기웃거리며
부처님 미소에 옷깃 여며
전생의 업보 삼천배하며
찬불가를 부르던

부처님 오신 날
사바세계에 불 밝혀
찬불가를 부르며
탑돌이 하는 중생들.

러시아의 천년의 삶과 빛

제정 러시아의 찬란한 문화는
화려한 보석으로 장식한
귀족과 성직자들의 비단 옷자락이
천년의 삶과 빛을 흔들어 놓는다.

구중궁궐의 호화스러움은
부시도록 아름다움과 경이로움에
그 날의 번영을 말해 주는 듯

한날 박물관의 소장품으로
역사의 뒤안길에 전락해 버린
아름다운 여인들의 풍만한, 고고한 자태

한 폭의 유화에서 살아날 것 같은
금방 숨을 쉴 것 같은 눈빛도
경이로움에 천년의 삶과 빛을 본다.

세기를 자랑하던
권세와 부귀영화도
영욕의 허물을 벗지 못해

오랜 역사의 기틀을 흔들고

이제
어느 하늘 아래에서 호곡하는가
그날의 찬란한 삶과 빛을 안고…….

단풍이 불타는 춘천

따가운 가을 햇살에
단풍이 불타는 춘천
그리움이 손짓하는데

붉게 타는 저녁 노을
차창 밖 곱게 채색된 산자락
가슴은 빨갛게 물드네.

어둠을 가르며 춘천가도를
달리는 마음 꿈에 부풀고

아득한 세월 저편 푸르른 날
굽이 돌아오는 소양강 푸른 물결
실바람에 여울져 흐르는 강심에
세월에 쫓기듯 잦아지는 마음

가을 단풍이 붉게 타는 춘천
다시 한 번 돌아보는 마음은
가물가물 그리움으로 출렁이는
종착역을 향해 가는 나그네 길.

오솔길에서

이 봄
꽃을 보고도
마음을 열지 못해
하 그리 섧더니

개나리 진달래 꽃
벚꽃이 눈발처럼 날리니
화사한 꽃잎 지는 모습에
시야가 흐려지네.

안개 자욱한 숲길을
비발디의 사계 중
봄 악장을 들으며
오솔길을 걸어보네.

상큼한 숲내음
산새들의 노래 소리
파란 하늘에 잠기면
이곳이 천국인가 꿈을 꾸네.

뜨거운 여정(餘情)은

마음을 비우고도
빛 고운 날이 그리워
허물어진 가슴은
파랗게 자국만 쌓이네.

길 없는 길 위에서
밀려오는 슬픔이
제풀에 잦아지는데

황혼녘
미련이 고개 들면
다 열지 못하는 마음

뜨거운 여정(餘情)은
가파른 삶의 뒤안길에서
때 없이 밀려오는 그리움
시린 가슴 노을로 타네.

인동초

인동초 질긴 인연
서리 묻은 빈 가지
봄바람에 몸 사리다
까치울음 가슴 저미네

저당잡일 것도
가져갈 수도 없는
허망한 꿈 한 자락
이승에 부려놓고

눈부신 날 접어두고
운명의 옷자락 흔들며
윤회의 길목을 지키는
바람이 몰고 갔네

그리움 꽃피우듯
미소만 가득한데
꽃잎 띄운 하늘가
빛바랜 그림자뿐이네.

어느 시인의 죽음

– 미당 서정주님 영민

생전에
드높은 이름석자
먼빛으로 가슴에 묻고
아스라이 세월만 흘렀네.

황량한 이 벌판에서
한 생애를 시 꽃으로
산하를 이루었네.

정 두고 가시는 길
어지러운 세태를 잊은 채
대희 년 마지막 길을 재촉했네

지는 노을 눈부시다고
천년만년 타는 것도 아닌 것을,
겨울 창가에 밀려오는 고독
영롱한 빛 떨쳐 버리고 떠났네.

굽이치는 계곡마다 불꽃바람은
풀잎마다 이슬 맺혀

피리 소리에 쌓이는 그리움

문단의 별 지던 날
피리 소리 끊어졌다고
슬픔과 그리움 별무리로 뜨네.

굽이돌아 가시는 길에
황천길 무릉도원 지나시면
속세에 이는 바람일랑
깊이 잠재우고 떠나시기를…….

더불어 사는 세상

혼돈으로 얼룩진
잃어버린 세월

번영을 꿈꾸며
희망찬 미래를 갈구하는데
양심의 소리는 도처에도 없는 듯

부패로 얼룩진 고리사슬에서
신뢰하는 사회를 지키는
최소한의 윤리마저도
탁류에 휩슬려 한없이
떠내려가는 세상

새 천년의 길목에서
더불어 사는 세상은

온 누리에 메아리치는
환희의 물결로 출렁이는데
천년의 미소가 가득한
새 아침 새벽종소리에
세기의 동이 튼다.

5부 _ 그리움의 강

꿈 한 조각

세상 것 다 지고 갈 수 없어
내 분신 같은 꿈 한 조각
고이 접어 두고 떠날거나

저 산 넘어
무지개 빛 있다기에
올곧게 달려와
뜬구름, 푸른 하늘 바라보네

가도 오도 못하는
허물어져 허우적이며
예까지
가시밭길 헤쳐 왔네

이슬 같은 물 한 모금
마른 가슴 적시다가
목울음만 젖어들어

이제 간들 눈이 멀까
짐 되어 한 세상

훌훌 털고 떠난들 누가 잡으리

때 묻은 앙금들을
흐르는 강물에 띄우고
꽃피는 봄동산에 꽃바람 불면
미련 없이 떠날거나.

인생은 꿈일 수도

노을진 수평선
떠 있는 조각배
세월의
뒤안길에 서성이며
무지개 빛을 좇아
덧없이 걸어가는 인고의 세월

인생은 화려하지도
행복하지도 않은 것
밀려오는 파도를 타며
태풍에 휘말리며
산산이 부서지는 꿈일 수도

행복이란 환상에
잔잔한 바다를 보며
희망이란 허구를 쫓다
적막해서
조이는 고독으로
지쳐서 스러지는 것
그렇게 사라져 가는 것.

초로의 문턱

꽃피는 시절
빈 손 들고 간다, 간다

미련 두고 떠나지 못했던 길

아슴한 세월
삶의 무게를 지고
창창한 꿈 부풀다가

모닥불 불씨 히나
초로의 문턱에서
가슴만 타는

서산 노을 빛
붉게 물든 잎새
벼랑 끝 바람만 이네.

내가 부를 노래는

싱그럽도록
좋은 계절에
내가 부를 노래는
장밋빛 꽃말만 남았네
허무가 아리도록,

곱게 가꾼 뜨락에
찬 서리 내릴까

부질없는 미련만 키우다가
무지개 빛 끝자락도 못 잡고
한없이 눈이 시리네

소리쳐 못다 부른 노래는
가슴만 태우다가 말 것인가
맺힌 이슬 무시로 방울져
내 설 자리가 서러워

먼 훗날
맺은 인연 연연타가

그대 창가에
별빛 쏟아져 내리는 밤

아련한 그리움에
못다 부른 노래는
장밋빛 꽃말만 남았어라.

외로운 별

서산 노을이 어둠에 잠기면
별들이 밤하늘 가득
쏟아 부은 은빛 나래

이슥토록 지친 영혼
쉼터 하나 세워 놓고
영원토록 별들의 속삭임은

억겁으로 흐른 세월
전설을 뿌리며
심금(心琴)을 울리는 별들의 노래

새벽엔 별들의 축제도
어둠과 하나 둘 사라지면
가로등 하나 외로운 별 하나.

봄을 기다리며

영롱한 꽃잎이
이슬에 젖어
잦은 비바람에
고고한 웃음
꽃잎지네

젖은 꽃잎은
향기만 전하면서
봄을 노래하고픈데

꽃대만 앙상하게 남아
할퀴고 간 들녘에,

봄을 기다리는
꽃 한 송이
빛살에 웃는다.

한 가닥 불꽃을 안고

— 강 어지루 원장님 내외분께 드리는 글

만감의 향수와
살갗마저 스며든 고독
그믐밤 같은 어둠이 깔려
나에겐 통한의 세월이었네

한 가닥 불꽃을 안고
일상의 삶을
연연할 수 있었던 것은
당신들의 따스한 입김
내 마음 빈 뜨락에
그리움 솟구쳐 찾아간 그 곳은
무한한 생명의 탯줄이었네

때가 되면 추억도 버리고 떠날
아침 햇살의 이슬을
포근히 감싸 안고서
황량한 이 황혼 길을
더 붉은 노을 지게 하네

나의

가득한 밀어와
가득한 정담은
아직도
끝없는 바다의 한 자락일 뿐!

산다는 것은 · 1

— 여섯 번째 항암주사 맞던 날

산다는 것은
숨을 쉰다는 것

개똥에 굴러도
이승이 낫다기에
이곳에 머물러 있네

두근거리는 가슴으로
핏기 잃은 무리 속에
내가 서 있다

내 작은 새 가슴
저리다 못해 아려와
숨이 멎을 것 같아

지옥과 천국은
손 뻗으면 닿을 자리
수만 번 오가는 길목에
지옥이 있네.

그래도 난
이곳에 머물러 보네

따뜻한 아랫목에
손발 묻어두고
오뚝이 되어

긴 터널이 지나
저녁 노을이 불타면
이곳이 천국.

산다는 것은 · 2

산다는 것은
덤으로 산다는 것은
무한한 신의 축복이다

육신의 그릇에서
훌훌 떠날 이 시점에
잠시 혼곤한 꿈뿐이었는데,

눈부신 태양도 내 것인 양
황혼녘 돌부처가 되어
잔잔한 바람을 맞으며
세상 미련만 눈을 가리네

밤이 이슥토록
시계의 초침 소리는
가슴을 저미는데
그리움은 해일처럼 밀려온다

마른 가슴
빛살 하나 끌어안고

저물도록 서성이다
소리 소리 없이
붉은 잎 노을에 타네.

꽃 한 송이

—장수술 후

빛살 고운 언덕에서
한숨 돌려 몰아쉰 숨결
삶의 끈 한 자락을 잡고
신의 섭리가 서러워서

자욱한 안개 속에
사그라져 가는 불꽃은
가슴을 후비며
죄인 양 밤을 하얗게 지새우네

창밖에
불빛은 별같이 총총한데
나에겐 피안의 세계
암 병동, 서러운 목숨 줄 하나
시계바늘에 따라 돌고 돈다

눈이 시리도록
끈끈한 삶을
바람은 검은 그림자 드리우고
벼랑으로 끝없이 몰고 간다

단풍 같은 마음을
홍건한 이슬로도 잠재울 수 없어
애처롭도록
섭리를 끌어안고
또 다시 꽃 한 송이 피우리라.

상실 · 1

내 못다 부른 노래는
짧은 삶이 애달파
온 종일 부르고 싶은 노랜가

지워질 수 없는
각인된
지난 일들이 되살아나
때때로 가슴에 바람이 인다

촌각을 다투는 내 삶이
신의 섭리에 따르기로 했던 날
병실엔
싸늘한 공기만
텅 빈 침대뿐,

내 몸에 남은 혈액이
몸 밖으로 빠져 나가는 듯
내 아성이 송두리째 무너져
설 자리가 어딘지

하늘을 보고
땅을 보고
허무가 아리도록,

긴 여정의 노래가
내 가슴에 불꽃 지던 날…….

그리움의 강

너의
따스한 체온도
배웅도 없이
꽃상여가 될
모르모트

안개 속에서
분신들의
숨소리뿐인데

너는
저만치 서서
천년을 노래하는가,

별빛을 안고
하얀 시트 위에 누워
구겨진 자존심에
삶의 의미를 되새기는 밤

오늘을 살다가

내일은 풀꽃이 될지라도
내 그리움은
강물 위에 떠서 어디로 흐르는지.

이젠 어느 강물로

미풍에
꽃가지 흔들며
웃음짓는 순간들이
눈부신 햇살을 등진 채
흐르는 시간 속으로
떠밀려 간다

한없이
심연으로 잠기는 마음
바다 빛처럼
파랗게 멍이 들어 간다

단풍 같은 마음
마지막 태울 나신은
숙명 같은 멍에를
이슬 머금고
사그라질 수 없어서

한 줄기 빛살에
목 놓아

소리치고 싶어,

이젠
어느 강물로
떠 흐르게 하시나이까
당신은!

한나절 피는 꽃이라도

지새는 창가에
달 그림자 지고
전설 같은
소라의 노래 소리
바다 바람으로 불어와

뭉개진 꽃가지 보며
오차도 없는
숙명 같은 바람을 안고
내면의 향기도 마음의 노래도
봄을 다 보내고 빈 가지만 흔든다

머뭇거리다
빗살 창 너머로 저물면
눈 감은 언저리에
돌아오지 않을 것들만
강물로 흐르는데

넋 놓고 주저앉아
미로 같은 시간 속으로

긴 터널 지나면
한나절 피고 지는 꽃이라도
새벽을 열고 싶다.

미완(未完)의 노래를

철따라 피는 꽃잎 속에
아슴한 그대의 모습 되살아나
가슴을 흔들어 놓는다

말없는 눈빛은
황홀한 불꽃으로
숨이 멎을 것 같아
장밋빛 가슴은
영원을 노래하고 싶어

그대여
이 찬연한 빛 속에서
다 사르지 못한 그리움을
단풍으로 물들다가

또 다시
번져 올 그리움을
타다 만 잿빛 가슴에
하얀 파도로 밀려가면
이 바닷가에서

미완의 노래를 부르다
가슴이 타도록 부르다가
내가 부르다가.

그리움

가슴에
애틋한 정 못 잊어
흐르는 강물에 띄우고
한 세월 바람만 불었네

밤이면
사무치는 그리움
추억은 떠나는 바람인데
황홀한 고독만 안고 부빈다

날마다
잊으라고,
창가에 갈잎 물들면
갈잎 지는 소리

저물도록
안개 밭에 서성이다
노을 빛도 서러워라.

어머니 · 1

목청껏 불러보고 싶어
대답 없는 메아리는
이 가슴이 저리도록 자리하네

가슴 깊게 잠재웠던
당신 모습 그리워
세월은 아스라이 갔어도
층층이 쌓인 그리움만이 가득해

목 놓아 울고 싶은
이 가슴에 멍든지 한 세상
이젠 잊을 법도 한데
진하게 진하게 멍이 드네

그리움이 파도처럼 밀려와
홀로 서 있는 나를 감쌀 땐
혼신을 다해 버티어 서 있는 나
모두를 허물어 버릴 것 같아.

어머니 · 2

푸르름이 무성한
오월이 오면

봄바람에 꽃잎 지듯,
꽃다운 시절에
안개 속으로
떠난 당신이 그리워서

이봄 내
흐드러지게 핀
꽃 한 송이 달아 줄
가슴도 없어
못다한 아쉬움 낙엽 쌓이듯,
통한의 세월인 것을

아스라한 강 저편에
당신의 따스한 미소는
가물거리는 별빛으로 남아
한 세월 애달픈 그리움에
못다 부를 이름이여,

그리운 내 어머니
어머니!

머물다 간 빈 자리

싱그러운 미소가
가득히 넘치던 곳
한 아름의 꿈나무들이
머물다 간 빈 뜨락은
정적이 흐른다

스쳐 지날 웃음꽃들
또 다시 물안개 꽃
피어날 그리움만 남겨 놓고

한낱 꿈일 뿐인데,
밀물처럼
어둠 속으로 사라져 가면
바람결에 못다 핀 꽃 이야기
심산에 묻고

그대의
취한 듯 말없는 눈빛은
시린 가슴 젖어 오네.

진달래꽃 필 때면

앞산 진달래 꽃 필 때면
햇볕이 쨍한 한낮에도
구성진 뻐꾹새 울음 소리에
그리움이 강물로 흐르네

알 수 없는 미련이
가슴을 저미며
공연한 서러움에
어디론가 떠나고 싶은 마음

사철 산빛만 바라보다가
바람이 살갗을 스치면
계절은 저 먼저 가네

짧은 해가 어스름 비켜 가면
파랗던 산자락에
억새풀 서걱이는데
쫓기듯 달려와 멈출 수도 없는 길
되돌아오던 길 가고 싶어
애닯기만 하다.

純粹한 사랑과 갈망, 그 悲壯美

—전재성 제3시집《그리움의 강이 흐른다》의 詩世界

鄭光修
詩人 · 文學評論家 · 『海東文學』主幹

전재성 시인의 제3시집《그리움의 강이 흐른다》의 詩世界를 살펴보기 위해 몇차례 詩를 읽어보고 또 읽어보고 하면서 많이도 울었다.

전재성 시인은 필자가 『海東文學』(1994년 여름호)에 추천하여 데뷔시켰고, 제2시집《머물다 간 빈 자리》(1998, 첼리노간) 해설을 썼고, 이번에 다시 쓰니 14년의 세월이 흘렀다.

제2시집을 상재한 지 10년, 앞으로 또 시집을 엮을 수 있을까? 미루어 생각해 보니 마지막 시집이 될지도 모를 이 시집에 대하여 진실로진실로 경건한 자세로 전재성 시인의 詩世界를 살펴드려야 한다는 생각이 눈시울을 적신다.

① 내면의 갈등과 섭리, ② 通時的 面에서의 變化, ③ 共時的 面에서의 갈등, 이러한 것이 하나의 同一性(identity)으로 나타난 전재성의 시세계는 여러 편의 詩에서 알 수 있듯, '암과의 투병' 에서 전재성 시인의 삶과 죽음에 이르는 70중반에 이르는 한 女流 詩人의 生死의 갈림길에서의 처절한 절규요,

그 절규를 ① 生과 死, ② 절망, ③ 갈등, ④ 神에의 귀의, ⑤ 고독한 영혼, ⑥ 恨, ⑦ 꿈과 그리움으로 승화시켰다는 점일 터이다.

보통 말하는 바 體驗이란 외부자극에 대한 주체 반응이요, 주체와 객체의 상호작용 현상이라는 것을 다시 확인하고 그 체험을 과연 어떻게 가능한가에 대한 질문일 터이다.

이러한 일은 사실 개인의 인식을 탐구하는 철학적인 방식이긴 하지만 체험을 가능케 하는 하나의 因子로서 理性보다는 감정(情熱)에 관심을 둔 生命에의 철학적 의미에서의 회의이기도 한 것이다.

전재성의 그러한 처절한 생명 앞에서의 불꽃처럼 터져 나온 한편 한편의 詩는 그 가능성을 현실화한 대목을 높이 사려는 뜻이 있음이다.

전재성은 自序에서,

> 쏜살 같은 세월을 뒤돌아 볼 마음의 여유도 없이 숨차게 달려와 머문 자리 병력만 쌓이는데, 한 치 앞도 예측할 수 없는 긴 터널을 지나온 세월도, 가슴 타는 그리움도 한낱 바람인 것을, 빛 고운 날의 그리움이 밀려 오면 한낮의 열기에 소중한 인연을 꽃피우고 싶어 서녘 노을빛에 가슴앓이를 한다. 웃어도 모자랄 시간, 마음의 준비 없이 제3시집을 내면서 갈등이 많았다. 제2시집을 내고 십년이란 세월이 흘렀지만 아름다운 시어로 내면의 세계를 다 표출하지도 못해 갈증을 느끼며, 혼불을 사르지 못해 부끄럽기만 하다. 수시로 불어오는 비바람에 당신도 함께 젖는 것 같아 가슴이 아리다. 늘 옆에서 묵묵히 지켜봐 주신 당신의 희생과 깊은 배려가 있었기에 오늘의 풍요로움을 느끼며, 영원한 삶을 노래하고 싶다. 노을빛에 물들어 아름다운 세상

에 머물러 있다는 환희에 곤곤한 한 세상도 질척이는 인생도 신의 축복이라고 갈증으로 얼룩진 종착역에서 못다 푼 업이 서러워, 노을 지는 꽃길 위에 목울대가 뜨겁도록 슬픈 날이 많았던 것은 인연의 굴레에서 짐이 되어 산다는 것은 허허로운 가슴을 멍들게 하는 것이라고, 새벽잠 깨고 나면 돌아올 수 없는 강가에서 빛바랜 추억도 찰나의 섬광도 내려놓고, 웃음꽃 걸음마다 뿌리고 가야 하리…….

이제 소매 뿌리 닿은 인연 밀고 당기던 그리움도 한낱 바람일 뿐!
한 조각 꿈 같은 세월에 노을빛도 가슴 타는 불꽃이어라.

라고 썼다.

필자는 그의 自序를 읽고 울먹이면서 창밖을 한참을 바라보며 담배를 피우면서, 이제 전재성 시인의 그 자서는 '遺書' 가 아닌가 하는 불길한 생각을 하면서 필자의 詩解說이 사실은 오류가 아닐까 하고 생각이 옮겨가면서 '詩의 정의의 역사는 오류의 역사' 라는 T.S 엘리엇의 말이 옳은 얘기 같다는 생각을 해보게 된다.

詩라고 하는 것이, 그 '지혜의 획득' 이라는 것은 美的 체험을 동반하는 것인 바 인간이라고 하는 것은 현재와 미래를 지혜롭게 살기 위하여 불가피하게 과거가 필요한 것이고 이러한 지혜의 획득은 한 개인사에 있어서 과거에, 그리고 이러한 개인사의 확대 유추로서 의존하게 된다는 것이어서, 여기에 '질서의식' 을 부여하는 건데 그 질서의식은 다름 아닌 도덕의식이며 이것이 美로 승화된 세계로 자연친화적 경향과 생활감정에 의한 자연의 재발견으로 나타난 것이다.

'자연' 이라고 말했는 바 전재성의 시에 나타나는 것들이 새삼스러운 것은 아니고 예부터 초자연적 관계 속에서 문학의 주요한 제재가 되어 왔고 테마였던 것이며, 그래서 詩는 자연의 모방이며 자연형상이라는 정의도 있는 것처럼 자연은 문학의 진실성의 기준으로서 詩學의 개념이기도 했다.

그러한 자연관은 두 가지가 있는데 하나는 자연이 그 존재를 위해 자연, 그 자체가 아닌 다른 어떤 것에 의존하고 있다는 자연관이 있고(여기서 다른 어떤 것은 神이 되느냐 인간 정신이 되느냐, 또는 역사가 되느냐로 구분), 또 하나는 앞서 말한 그 어떤 것에도 의존하지 않는다는 자연관이 있는데 현대시에 나타나는 새로운 양상들은 非情的 他者性, 즉 혼돈, 분열, 유한성 내지 역사성, 무의식의 상징 등 너댓가지로 설명하기도 하는데 가장 전통적인 자연관은 자연에 대한 그 존재근거를 신이나 인간정신에 두고 있는 것이렸다.

만약 자연의 존재 근거가 신에 있다고 할 때는 자연은 신의 피조물이며 자연 그 자체가 신성한 존재가 되고 종교인의 자연관에서 볼 수 있는 것처럼 신의 창조물로서의 자연은 결코 단순한 자연이 아니라 종교적 가치나 신성으로 충만한 존재이며 그 구체적 자연물은 이 신성의 모델들일 수밖에 없는 것이지만 또한 자연은 인간의 정서나 사회에 좋은 혜택을 준다는 낙관론이 가능해져 자연의 존재근거를 인간 정신에 두는 것인데……. 그럴 때 자연은 인간적 가치로서 충만되고 인간과 자연의 연속성 내지 일체감의 현상이 나타날 것인 바 이러할 경우 자연 그 자체보다도 자연에 대한 시인의 관계가 중요하다 할 것이라면 앞서 말한 혼돈, 분열, 유한성, 무의식, 상징 등을 감상적 오류라고 말할 때는 同化와 投射 이론이 적합할 터이다.

詩美學은 무엇을 썼느냐가 중요한 게 아니라 그것이 神이든 인간이든, 어떻게 드러냈는가, 그 표층구조에 의해 결정된다는 사실로 즉, 체험을 재구성하는 일, 드러냄의 방법에 따라 더 쉽게 말하면 創造해내는 '레토릭' (rhetoric, 修辭學)에 따라서 시적 대상은 본디의 것에서 새로운 것으로 이동하기도 하고 그 모습을 달리해서 태어나는 變容, 置換과 竝置 등 메타포(metaphor, 隱喩)의 문제인데 전재성의 삶과 죽음, 病苦 앞에서 詩 이론이 그렇게 중요한가 하는 생각을 하면서, T.S 엘리엇의 말도 곱씹어보면서 우선 詩를 읽어보도록 하자.

곤곤한 세월
다 잊고
웃으며 가는 길에

바람이 스칠 때마다
추적거리는 가을비에
젖어

인연의 굴레에서
가슴앓이를 한다

장밋빛 추억은
켜켜로 쌓인 연정에
그리움으로 밀려와

밤새 내린 무서리에
홍안은 간 데 없고

노을이 타는 날
영혼의 날개만을 달고
웃으며 가는 길을…….

— 〈웃으며 가는 길〉 전문

앞서 감히 '유서'가 아닌가란 말을 했으면서 또 눈물이 앞을 가린다.

그 착하디착한 전재성이 15년이 넘게 암 투병을 했는데 내 곁에서 떠나간다면 나는 무엇인가.

필자가 나이 70에 왜 눈물이 나는가이다.

사람은 어쨌든 한 번 태어났다가 한 번 간다고 하지만 어저께(2008. 5. 4) 소설가 朴景利가 가면서 '행복했다면 글을 쓰지 않았을 것'이라고 말했다는데 전재성도 필자에게 시인이 안 됐더라면 벌써 죽었을지도 모른다는 고백을 한 일이 있는데……. 전재성은 피곤한 세월 잊고 가는 길에 가을비가 추적거려 가지 못하고 가슴앓이 한다고 읊었다. 거기엔 추억이 있고 켜켜로 쌓인 연정이 그리움으로 밀려와 노을이 탄다고.

그렇다. 황진이가 떠나가던 날도 상여가 떨어지질 않아 그 恨이 하늘을 덮었다. 전재성 시인의 恨은 무엇일까.

잿빛 하늘이
닿을 듯 내려앉아
안개 낀 거리마다
낯설어

빛바랜 책갈피에서

암울했던 지난날이
엄습해 온다.

한 치 앞도
예측할 수 없는 지난 날
다슨 정이 담긴
한 권의 시집을 안고
마음의 양식이 되었던 것은

아름다운 시어들이
심연으로 잠긴 가슴에
촉촉한 삶의 활력소가 되었네.

— 〈부슬비 오는 날 - 암 수술 15년〉 전문

전재성 제3시집 《그리움의 강이 흐른다》 해설 제목을 〈순수한 사랑과 갈망, 悲壯美〉라고 붙였는 바 詩의 성격면에서 볼 때 우아한 詩, 비장한 詩, 관조하는 시로 나눈 사람도 있는 바, 전재성의 시는 우아한 시도 있고 관조하는 시도 여러 편 있으나 왜 비장한 시로 구분했는가는 앞서 말한 바 암 투병 15년이란 의미가 함축되어 있긴 한데 예술은 고통과 슬픔을 나타내는 것을 전통의 일면으로 생각하고 있었고, 특히 우리나라 예술이나 詩歌에서는 고통과 슬픔이 주류를 이루어 왔음이 사실이고 동양적 사상의 주류는 자연에 귀의하고자 하는 소원과 그 품에 안기려는 동경은 안타까움과 슬픔, 반성과 회의 원망이었고, 육체의 고통이 영혼의 깊고 깊은 그 悲壯의 詩는 감상미를 동반하고 있는 것인데, 서양의 특히 그리스의 비극들은 인간이념의 최고의 경지가 바로 悲壯美에 있을 터이기 때문이다.

調和가 깨지고 특수한 괴로움을 거쳐 美感이 발생한 전재성 시인은 암 투병 과정에서 헤어나 슬픔에서 솟은 아름다움, 비장한 상태에서 솟은 아름다움이기에 비장미라고 할 수 있겠고, 그 비장미는 괴로움을 반드시 거쳐야 하고 그 괴로움을 거친 시는 슬프고 아름다운 것이기 때문이다.

그대
곁에 있어도 눈멀어
방황의 끝자락은 이슬 맺혀
서리꽃에 잠기네

젖은 세월 낯 붉히며
사랑도 미움도 벗지 못해
하늘은 티 없이 살다가
서리꽃 두고 가라 하네

갈매기 울음으로
삶의 끝자락을 헤아리며
진솔한 그대 창가에
프리지아 꽃향기 전해 주고파

아침 이슬 같은 눈빛으로
마지막 향연을 사르기 위해
지고지순한 붉은 가슴은

그리움도 노을에 타는 것을.

—〈노을에〉 전문

방황의 끝자락이 서리꽃에 감긴다. 젖은 세월은 미움도 벗지 못하고, 프리지아 꽃향기 전해 주고 싶은데 그리움만 노을에 탄다고 말한다.

슬픔 자체가 부조화에서 조화를 이루려는 갈망은 슬픔의 美學으로 남는다. 슬픔의 美學, 그것은 조화가 뒤따라야 할 터이다. 그 조화를 향해 꾸준히 발버둥치는 행동의 연속은 눈물을 흘리고 슬퍼하여 가슴을 쥐어짜는 괴로움과 두려움이 느껴지는 것은 不調和에서 調和로 연결되는 과정에서 눈물과 슬픔 뒤에 빛나는 사랑이 있기 때문이다.

슬픔 속에는 전재성 시인이 염원하는 순수한 사랑과 갈망이 있음으로 하여 인간을 미화하고, 그래서 아름답게 승화시킨 것이며 지난 세월 어려웠던 과거의 고통의 추억들이 고통에서 벗어나기도 하는 자세를 만들었다고 보아야 할 터이다.

전재성 시인의 고통과 슬픔에는 힘이 실려 있다. 다시 말해 전재성 시인의 슬픔과 고통에는 힘이 실려 있음으로 염세에 빠지지 않고 이 세상에서 도피하려 하지 않고 장엄하게 솟아올랐다는 얘기다.

은행잎이 노랗게 물든
구기터널을 지날 때면
유형지의 밤 같은
시린 세월이 되살아난다.

빛살 하나 끌어안고
한 치 앞도 예측할 수 없는
고독한 계절은
수렁만 더 깊게 보이던 것을

그림자를 이끌고
삶의 희열도 소멸되는
긴 터널을 지나온 세월

암이란 굴레를 벗고
우수(憂愁)에 잠깨고 나면
작은 인연도 아름다워

인생의 오솔길에서
불꽃 가슴 환희의 물결로
끝없이 비상하고 싶은
파란 하늘이 활짝 열리던 날!

— 〈환희〉 전문

빛살 하나 끌어안고 언제 죽을지 모를 수렁만 같은 긴 터널을 지나 암이란 굴레를 벗고 파란 하늘이 열리던 날, 환희를 맛본다.

悲壯은 숭고한 아름다움이고 숭고하다는 말은 도덕적 美를 발산하고, 悲壯美라는 것은 인간과 인간 사이의 모순과 갈등 사이에서 균형을 찾게 만드는 일이렸다.

悲壯美는 대개 ① 참혹한 운명에 대한 것, ② 인생에서 구원

받지 못할 파멸과 죽음에 대한 것으로 인간들 속에서 의욕적, 진취적 카타르시스로써 전재성 시인의 시에서 획득한 비장미는 생명의 존엄성과 인간의 고뇌를 다시 말하면 인간이 추구한, 전재성 시인이 추구한 아름다움일 터. 그래서 〈순수한 사랑과 갈망, 그 비장미〉라고 제목을 붙인 바, 계속해서 살펴보자.

웃으며
머물 날이 몇 날일지
지친 세월 노을로 타는데

아름다운 인연
소중한 순간들이
황홀하게 밀려오는

여명이 밝아오는
긴 터널을 지나온 세월도
그리움도 노을로 뜨고 지네.

— 〈웃으며〉 전문

悲壯美라고 성격을 규정했지만 유머주의는 사실은 예술지상주의의 원천이다.

한국의 시는 대개 개인의 생활에서 우러나온 감정을 쓰는 心情詩인데 순수니, 참여니 하지만 사실주의 詩니, 자연주의 詩니 하는 類가 통틀어 모더니즘 詩라고 불리웠고 이것이 포스트모더니즘으로 해체니, 구축이니, 패러디니 하고 떠들긴

하지만 唯美主義라는 것도 모더니즘 계통으로 우리 선배들이 다 졸업한 것들이고 탐미주의니, 심미주의니 하는 게 다 같은 통속이다.

그러니까 예술이란 그 자체로서 自足할 것이지 어떤 이면적, 윤리적, 정치적, 또는 비심미적 평가의 기준에서는 말이 되지 않을 터이다.

독일 낭만주의의 칸트, 셸링, 괴테, 실러, 영국의 코올리지, 칼라일, 미국의 에머슨, 포우, 프랑스에서의 스틸, 쿠쟁, 말라르메, 베릴레느, 한국의 박종화, 이상화, 오장환, 박영희 등등을 탐미주의라 불리긴 했지만 우리가 눈으로(眼) 보이는 세계뿐 아니라 보이지 않는 세계, 즉 인간의 감정을 활활 태워서, 불길같이 태워서 시적 열정을 예술을 위한 예술로, 사랑과 아름다움을 美의 욕망을 절정으로, 인생의 찰나를 끌어올리자는 열렬한 운동이었고, 그래서 오르가즘을 만끽하는 것인 바 우리나라에서도 그 상징주의자들의 영향을 받아서 아름다운 것은 그 自體의 독립된 중요성인 것이고, 詩에서 특히 레토릭을 부려 정교하게 구성한 것으로 한국에서는 이상이 쉬르적 환각에서 더 깊이 들어가면 악마주의가 되는 것인 바, 서정주, 전봉건, 김광림 등이 모색한 바 1918년부터 감상주의, 상징주의, 허무주의, 퇴폐주의로 난립했는 바 唯美 일변도로 성공한 시인은 없는 것 같긴 하지만 머클리시, 에이킨, 커밍스, 무어, 스티븐스, 크레인, 랜슴, 오든, 루이스 등이 그들의 후계자들일 터이다.

다시 한 편 보면서 풀어나가 보자.

바람처럼 왔다가

잠시 쉬었다 가는 길

새벽잠 깨고 나면
내세울 것도 없는
세월의 흔적뿐

운명의 수레바퀴에
소멸되어 가는 기력
과분한 현실의 오만함이
시린 가슴 조이는데

적막한 이 밤
숨을 쉰다는 것도
살아있다는 황홀함도
물결치며 떠밀려 간다.

이제 꽃잎 날려 가는 길에
소맷부리 닿은 인연
밀고 당기던 그리움도
한 조각 꿈일 뿐이네.

— 〈바람처럼 왔다가〉 전문

앞서 읊은 시와 脈이 닿는 작품이긴 한데 "세월의 흔적", "운명의 수레바퀴", "과분한 현실의 오만함", "숨을 쉰다는 것도/ 살아있다는 황홀함도", "그리움도/ 한 조각 꿈" 등은 세상을 정리하고 떠나는 사람의 발언이다.

원래 抒情詩의 주요 특성은 내적 세계와 외적 세계를 상호 연관시키는 능력인 것이고 시인이 탁월한 상상력의 소유자라고 말하는 것 자체가 自我와 세계의 관계를 전제하고 나온 말이다.

상상이라고 말하지만 결국 사물과 더불어 작용하는 것이고 인간의 정신과 세계와의 상호작용 가운데 일어나는 일들이다.

앞서 말한 바 체험이라는 것도 자아와 세계와의 만남이요, 주체와 객체의 현상이지 단독으로 일어나는 것이 아니기 때문에 共存性(conpresence), 공동성(togetheres)이라고 말하는 것과 같이 詩라는 것은 인간의 의지적인 작용의 산물이다.

앞서 전재성 시인의 투병과 恨 얘길 했지만 恨이란, 사실은 소외의 정서라고 풀이하기도 하는 것은 역사와 사회의 중심부에서 떨어진 변두리 인간의 소외의식 또는 이른바 민중의 소외의식, 병고의 세월의 恨과 절망, 그러한 상황에서 눈물겹도록 처절한 삶의 실존의식을 詩美化했다는 사실과, 그래서 죽음도 승화하고 詩도 성공, 떳떳하게 중견시인으로 자리매김할 수 있을 것이며, 유서처럼, 잠언처럼 인간으로서의 한계를 체험한 그 소박한 꿈이 잠재되어 있는 그 꿈을 사랑과 그리움으로 승화시킨 변화와 갈등, 신의 섭리 등으로 고독한 한 병고의 여인의 영혼 키우기로 아이덴티디를 이룬, 우리 영혼의 성스럽고 숭고하고 비장미 넘치는 아름다운 詩集이다.

앞으로 건강이 허락한다면 시적 기교 즉 레토릭에 관심을 갖고 연구할 필요는 있겠다.

앞서 말한 바 광채 있게 꾸며 주는 기교가 메타포인 바 의미의 이동을 통한 새로운 의미의 탄생과 새로운 것으로 이끌어내는 시적 기능으로서의 메타포(metaphor)를 잘 활용한다면 더욱 오묘한 경지를 맛볼 수 있을 것이라고 조언해 드린다. 참으로 많이 참고 견디어 낸 그 세월에 엄숙하게 이룩해낸 詩작업은 많은 이들이 감동을 함께 하리라 예견하면서 詩業의 가시는 길 더욱 잘 가시라고 신발 끈을 여며 드린다.

서정시의 순수미 발굴 작업

―전재성 제3시집 《그리움의 강이 흐른다》의 시세계

洪潤基
일본 센슈대학 대학원 문학박사(시문학)
한국외대 교양학부 「한국시」 담당교수

전재성 시인은 남달리 끈질긴 의지 속에 꾸준히 한국인의 독특한 릴리시즘(lyricism)의 서정적 시어를 탁마하며 오늘에 이르고 있는 중견 시인이다. 전재성 시인이 이번에 쓴 작품들을 대하니 그 동안 참다운 시를 형성시키느라 최선을 다한 자취가 이 시집에 역연하게 담겨 있어서 전재성 시인의 서정시의 순수미 발굴 작업에 대한 열정과 진지한 시작 태도에 흐뭇한 마음이 든다. 수많은 시인들이 시를 쓰고 있거니와 시란 저마다 다른 자아의 상상력과 재능과 노력에 의하여 아름답게 형상화된다. 시는 쓸수록 어려워지며 그와 동시에 노력하면 할수록 열매는 더욱 눈부시고 단단하게 영글어간다는 것이 이번 전재성 제3시집에서 필자가 느끼는 소감이기도 하다. 현대시의 생명은 이미지(image)의 발랄한 새로운 전개 과정에서 눈부시게 꽃핀다. 전재성 시인의 작품은 전체적으로 신선감이 넘친다. 이제 대표적인 작품들을 한편 한편 진지하게 살펴보자.

햇살 가득한 법당 뜰
해맑은 미소 가녀린 동자승
만발한 꽃잎이 손짓하는데

꽃향기에 취해 서성이다가
염주 목에 걸고 목탁 소리
풍경 소리 산마루에 퍼지면
어머니 젖무덤 그리워서

풀밭에 앉아 두 손 모은 동자승
법당 뜰 풍경 소리에 합장하는
꿈결인 듯 어머니 섶자락 소리

맑은 물 소리 바람 소리
노장의 염불 소리
구도의 길이 무엇인지
천진한 미소가 애처로워

연등에 불심 끌어안고
나무 아미 타아아불
나무 아미 타아아불
목탁 소리 허공으로 흩어지네.

— 〈동자승〉 전편

시인은 스스로의 참다운 불심(佛心)에서 한 어린 동자승에게 모정(母情)으로서의 연민의 정을 시화(詩化)시키는 뛰어난 솜씨를 보여주고 있다. 이것은 화자가 동자승을 매개로 하여 석가여래 부처님 앞에서 그 내심(內心) 깊숙한 곳의 합장(合掌)을 통한 시심(詩心)으로서의 근엄한 불도(佛道)를 닦고 있어 독자를 감동시키고 있다. "풀밭에 앉아 두 손 모은 동자승/ 법당 뜰 풍경 소리에 합장하는/ 꿈결인 듯 어머니 섶자락 소리"(제3연)와 같이 전재성 시인의 심오한 시적 탐구는 이제 거룩한 불심의 승화로써 보리(菩提)를 구하며 뭇 중생 교화의 대성자(大聖者)의 대자대비한 거룩한 불도를 눈부시게 형상화시키고 있어 우리가 크게 주목하게 된다. "맑은 물 소리 바람 소리/ 노장의 염불 소리/ 구도의 길이 무엇인지/ 천진한 미소가 애처로워"(제4연)라는 중생의 괴로움이며 번뇌의 방황을 구원해 주는 자비 그득 넘치는 석가모니 부처님의 진리의 등불 아래서의 가르침이 전재성 시인의 이 불교 시편을 통해 빛나고 있다. 더구나 불심 삼매경에 젖어 참선하거나 소망을 염원하는 숙연하고도 심오한 그런 경지에의 조화로운 시적 접근은 이와 같은 작품을 써보지 못한 이는 결코 깨닫기 어려운 비경(秘境)의 세계라고 할 수 있을 것이다.

철따라 피는 꽃잎 속에
아슴한 그대의 모습 되살아나
가슴을 흔들어 놓는다

말없는 눈빛은
황홀한 불꽃으로

숨이 멎을 것 같아
장밋빛 가슴은
영원을 노래하고 싶어

그대여
이 찬연한 빛 속에서
다 사르지 못한 그리움을
단풍으로 물들다가

또 다시
번져 올 그리움을
타다 만 잿빛 가슴에
하얀 파도로 밀려가면
이 바닷가에서

미완의 노래를 부르다
가슴이 타도록 부르다가
내가 부르다가.

— 〈미완(未完)의 노래를〉 전편

시를 쓴다는 것은 삶의 진실한 꿈을 키우는 작업이며 그것은 완성을 향하는 미완의 노래인 동시에 영원한 노래를 엮는 작업이다. "철따라 피는 꽃잎 속에/ 아슴한 그대의 모습 되살아나/ 가슴을 흔들어 놓는다"고 하는 제1연인 오프닝 메시지(openning message)의 전개부터 매우 자연스럽게 무리 없이 표현되고 있음으로써 이 작품의 고품도(高品度)를 거듭 깨닫게

해주고 있다. 좋은 시는 결코 어떤 '외침'(주장)이거나 '목적성'을 드러내지 않는 가운데 독자의 가슴에 은밀한 정감으로 조화되기 마련이다. 오늘의 우리 시 작품들이 의욕적이기보다는 타성에 젖거나 매너리즘에 빠진 말재주부리기에 치우치고 있어 적이 걱정스러웠는데, "그대여/ 이 찬연한 빛 속에서/ 다 사르지 못한 그리움을/ 단풍으로 물들다가"(제3연)처럼 전재성 시인의 심도 있는 참신한 이미지의 전개는 한국 시단의 큰 수확이라고 여기서 평가하련다. 시가 새로워야 한다는 것은 시가 살아있다고 하는 생명적인 명제(命題)이며 그것을 잘 표현함으로써 명시는 탄생한다.

세상 것 다 지고 갈 수 없어
내 분신 같은 꿈 한 조각
고이 접어 두고 떠날거나

저 산 넘어
무지개 빛 있다기에
올곧게 달려와
뜬구름, 푸른 하늘 바라보네

가도 오도 못하는
허물어져 허우적이며
예까지
가시밭길 헤쳐 왔네

이슬 같은 물 한 모금

마른 가슴 적시다가
목울음만 젖어들어

이제 간들 눈이 멀까
짐 되어 한 세상
훌훌 털고 떠난들 누가 잡으리

때 묻은 앙금들을
흐르는 강물에 띄우고
꽃피는 봄동산에 꽃바람 불면
미련 없이 떠날거나.

— 〈꿈 한 조각〉 전편

〈꿈 한 조각〉을 대하자니 시의 자연스런 발상과 동시에 서정시의 진수인 정감의 고양, 거기서 나아가 일단 나직해지는 정서적 연상의 유발에 이르는 시적 표현력, 즉 '고양과 이완'의 반복이라는 파동으로서의 시의 매력에 빠지게 된다. "이슬 같은 물 한 모금/ 마른 가슴 적시다가/ 목울음만 젖어들어// 이제 간들 눈이 멀까/ 짐 되어 한 세상/ 훌훌 털고 떠난들 누가 잡으리" 하는 자연 발생적인 서정적 로맨티시즘이 시의 본질이라는 것을 잘 보여주고 있다. 그러기에 이 작품에서 문득 떠오르는 것은 오늘의 우리 시단에서 흔히 '이미지'가 아닌 '스토리'(story) 제시를 마치 시(詩)인양 착각하고 시를 쓰고 있는 사람들이 적지 않다는 사실이다. 전재성 시인은 누구보다도 빼어난 이미지의 구사력을 〈꿈 한 조각〉에서 유감없이 발휘하고 있다. 오늘의 시들이 자꾸만 '이야기화(化)' 되면서 시

본래의 릴리컬한 '노래' 가 망각되는데 대한 경종의 한 표본 시가 바로 이 '꿈 한 조각' 이라 하여도 결코 지나친 말은 아닐 것 같다. 현대시의 생명력은 이미지의 발랄한 전개 과정에서 눈부시게 꽃핀다. 그러나 좀 답답한 것은 수많은 사람들이 이미지가 아닌 스토리를 시 대신에 시 행간에다 나열하고 있는 게 작금의 현상이다. 좀 더 구체적으로 지적하자면 '시' 는 '이야기' 가 아닌 '노래' 를 쓰는 일이다. 〈꿈 한 조각〉을 통해서 '이야기' 는 '수필' 이나 '소설' 에서 다루는 문학적 언어 표현 방법이라는 것을 여기서 굳이 지적하련다.

그대
곁에 있어도 눈멀어
방황의 끝자락은 이슬 맺혀
서리꽃에 잠기네

젖은 세월 낯 붉히며
사랑도 미움도 벗지 못해
하늘은 티 없이 살다가
서리꽃 두고 가라 하네

갈매기 울음으로
삶의 끝자락을 헤아리며
진솔한 그대 창가에
프리지아 꽃향기 전해 주고파

아침 이슬 같은 눈빛으로

마지막 향연을 사르기 위해
지고지순한 붉은 가슴은
그리움도 노을에 타는 것을.

— 〈노을에〉 전편

전재성 시인의 서정적 로맨티시즘이 빛나는 또 하나의 시편이 〈노을에〉이다. "아침 이슬 같은 눈빛으로/ 마지막 향연을 사르기 위해/ 지고지순한 붉은 가슴은/ 그리움도 노을에 타는 것을"(마지막 연)은 그야말로 네츄럴한 자연스런 릴리시즘의 로맨틱한 발상과 그런 새로운 이미지 형상화가 현대 한국 서정시의 진수라는 것을 잘 보여주고 있다. 독일 시인 라이너 마리아 릴케(Rainer Maria Rilke, 1875 ~ 1926)는 프랑스의 거장 로댕(F.A.R Rodin, 1840 ~ 1917) 밑에 찾아가서 오랜 날을 프랑스에서 일하면서 조각 예술의 조형력과 신비한 경지를 터득했고, 사물의 내적 본질 세계를 천착하는 데 역투하며 시를 썼다. 그런 릴케가 지적하기를 "가장 독일적인 시를 프랑스인이 완전하게 이해한다는 것은 결코 기대할 수 없다"고 했듯이, 그 나라의 순수 서정은 그 나라 시인만이 캐낼 수 있다. 그러기에 전재성 시인의 서정적 낭만시는 한국인들에게는 널리 공감되고 깊게 이해될 것이다. 그 반대로 외국인에게는 〈노을에〉를 번역하더라도 완벽한 이해는 힘들 것이다. 가장 한국적인 서정시가 한국인에게 또한 가장 절실하게 요망되는 것이다. 전재성 시인의 〈노을에〉는 서정적 로맨티시즘이 잘 담긴 그의 가편이다.

쪽빛 하늘에

검푸른 바다가 맞닿아
지평선 위로 가물거리는
신의 선물 절해의 독도

너울지는 동해바다
떠있는 외로운 돌섬
갈매기 춤추는 새들의 고향
기암절벽 산비알 꽃향기에
취한 나그네 발걸음

뭍으로, 뭍으로 오르고 싶어
안개 속에 떠나는 뱃고동 소리
천년의 세월 포효하는 파도 소리

선조들의 숨결이 들리는
겨레의 혼불이여
먼 바다의 독도
독도는 우리 땅!

— 〈독도〉 전편

한국 시인이면 누구나 당연히 한국 영토 '獨島'에 대한 참다운 사랑과 수호 정신이 담긴 시를 써야 한다고 본다. 결코 우리는 이 성스러운 우리의 국토를 남에게 빼앗길 수 없다. 아니 우리는 자자손손 우리의 한국땅 '獨島'를 지켜나가면서 번영해야 한다. "뭍으로, 뭍으로 오르고 싶어/ 안개 속에 떠나는 뱃고동 소리/ 천년의 세월 포효하는 파도 소리// 선조들의 숨결이 들리는/ 겨레의 혼불이여/ 먼 바다의 독도/ 독도는 우리 땅!" 이라는 전재성 시인의 눈부신 의지, 빛나는 시혼은 한국인 모두의 가슴을 뜨겁게 울려주고 있다. 그러기에 다시 한 번 함께 이 명시를 감상해 보련다.

러시아 상공(上空)을 나는 기내에
여명이 밝아오는 신새벽
창을 통해 들어오는 햇살은
눈부셔 탈 것만 같아

몇 천 피트 상공 찬 공기에
창엔 아름다운 눈꽃이 피어
햇살에 스러져 이슬로 내리는데

하얗게 떠 있는 구름바다는
이글거리는 태양에 붉게 물들어
황홀한, 찬란한 빛으로
우주공간을 붉은 띠를 두른 듯

생명이 약동하는 아침 햇살
당신의 걸작 경이로운 빛은
환희의 빛살로 동이 트는
찬란한 빛이여!

— 〈빛이여〉 전편

여행은 새로운 정신적 전환과 활력의 바탕이 되기도 한다.

더구나 시인에게 있어서의 여행은 어쩌면 가장 소중한 시적 발상과 눈부신 창작의 바탕이 된다고 본다. 전재성 시인의 서정적 발랄성은 특히 이 작품에서 두드러지고 뛰어나게 표현되고 있다. "하얗게 떠 있는 구름바다는/ 이글거리는 태양에 붉게 물들어/ 황홀한, 찬란한 빛으로/ 우주공간을 붉은 띠를 두른 듯// 생명이 약동하는 아침 햇살/ 당신의 걸작 경이로운 빛은/ 환희의 빛살로 동이 트는/ 찬란한 빛이여!"(3 ~ 4연)라는 이미지가 역동적으로 안정된 가운데 서로간에 의욕적으로 이미지가 조화롭게 고조되면서 다이내믹한 전개를 시도했다. 이 시 〈빛이여〉에는 고차원의 서정적 수법이 고조되는 시적 감흥의 시너지(synergy, 전체의 효과에 기여하는 각 기능의 종합 효과)가 고양되고 있어 앞으로 전재성 시인은 이런 형태의 시 창작에도 힘쓴다면 더욱 빛나는 빼어난 시작품들이 크게 기대된다는 것을 끝으로 독자 여러분과 함께 당부해 두련다.

전재성 제3시집
그리움의 강이 흐른다
•
지은이 / 전재성
펴낸이 / 김재엽
펴낸곳 / 한누리미디어
디자인 / 지선숙
•
121-840, 서울시 마포구 서교동 395-13 서원빌딩 3층
전화 / (02)379-4514, 379-4519
Fax / (02)379-4516
E-mail/hannury2003@hanmail.net
•
신고번호 / 제300-2006-61호
등록일 / 1993. 11. 4
•
초판발행일 / 2008년 5월 30일
•

•
값 10,000원
•
※잘못된 책은 바꿔드립니다.
•
ISBN 978-89-7969-322-5 03810